人生雖然有點煩，就靠哲學扭轉它

51位哲學家讓生命轉彎的思考練習

傅佩榮 著

目次

—新版序—

小故事比較有趣

有個學生聽我講西方哲學，說他記下了一百多個故事與笑話。我問他對哪一位哲學家印象深刻，他卻答不上來。哲學家也是平凡人，只是他們把人所特有的「理性」發揮到較高層次，然後體現於日常生活的言行，顯得有些突兀罷了。因為與眾不同，常有反差效果，然後變得有趣了。

西方哲學歷經二千六百多年，哲學家的故事自然不少。譬如，第一位哲學家是古希臘的泰勒斯，他曾專心觀察星空，不慎摔進一口淺井，為他提燈籠的女僕笑著說：「我們家主人連地面的狀況都沒搞清楚，卻去關心天上的狀況。」泰勒斯仰望星空，不純粹是出於對天文學的興趣，他所在意的是：人間一切與周遭萬物都在變化之中，到底有沒有不變的東西呢？宇宙深處還有什麼祕密可以讓人探索的呢？

泰勒斯提醒人們兩點：一，要轉移焦點，不要受困於變化無已的現象，而要探索現象背後的來源與根基；二，要設法使用理性所能找到的元素，來做一個完整而有系統的解釋。他由此擺脫了希臘神話的束縛，也提出了新的觀點：「水」是萬物的來源。他的觀點很快也很容易受到挑戰，但是他的思維方法開啟了「愛智慧」的哲學之路。

此後的西方哲學家有什麼表現呢？首先，要努力尋找現象背後永恆的本體；其次，要認真建構一套哲學系統。於是展現在歷史上的，是百家爭鳴，聚訟不休；但也是百花齊放，精采紛呈。問題在於：誰的說法是正確的？要回答這個問題，必須看一套哲學在真實人生中的驗證。誰的說法可以回應「不同時空」中多數人的理性思維？誰的說法可以引領人們得到內心的安頓？誰的說法可以助人在關鍵時刻做出重大抉擇？

上面列的幾個問題近乎紙上談兵。譬如，我十八歲開始學習西方哲學，再怎麼用功也只能勉強考慮第一點：誰的說法可以回應不同時空中多數人的理性思維？畢達哥拉斯、德謨克利特、柏拉圖、亞里斯多德，誰說得更有道理？這份名單如果延伸到中世紀，再涵蓋近代與當代，則是一組美妙無比的愛智隊伍，他們的觀點「保證」讓我們頭昏眼花而無所適從。

以個人經驗來說，我每念一位哲學家的書，往往會覺得「言之成理，持之有故」。但是哲學家的說法各有千秋，有的針鋒相對，有的異中見同，也有的重點有別，因此我在學習過程中再三提醒自己避免先入為主，要有同情的理解。於是，我特別留意哲學家的生平背景、時代環境、個人遭遇、心路歷程，然後也得知他們的許多小故事與格言金句。譬如，笛卡兒為了遊歷各地而從軍，後來選擇住在荷蘭專心思考，但最後又接受瑞典女王的邀約，前去為她上課，不久即病死異鄉。他的「我思故我在」是百年金句，但意義並非字面所指。他說：「不要讓我的欲望超過我的能力範圍。」這句話對一般人才真有具體的啟發，我也經常以此自省。

言行特殊而見解高超的，像史賓諾莎、康德、叔本華、尼采、維根斯坦、列維納斯等人，也都有各自的言論與行動，可以開啟我們的眼界、引領我們的思維，使我們感受生命的豐富含意與無窮趣味。

我在臺大哲學系的課以中國哲學為主，同時也教過十幾年西方哲學，如形上學、宗教哲學與西方哲學史的前半段（古希臘與中世紀）。另外則長期在洪建全基金會授課，為好學的民間朋友講述西方哲學。教西方哲學要做到讓人「聽得懂、想得通、做得到」，實在是不容易的事。我這一生都在如此挑戰自己，雖然辛苦，也得到許多快樂。快樂之一就是知道了西方哲學家的生平小故事以及他們雋永精妙的短語。現在我將這些資料寫成二〇九篇短文與朋友分享。本書出版於二〇一二年，現在由九歌出版社重編出版，看來大方清新，更增加了閱讀的樂趣。

傅佩榮

寫於二〇一九年十二月一日

—自序—

點到為止的小品

我們不是西方人，但是對於像「蘇格拉底、柏拉圖、笛卡兒、康德、馬克思、尼采」這些名字卻耳熟能詳。何以如此？因為他們是哲學家，說話不但很有條理，並且富於弦外之音，讓人低迴沉思，進而想要一探究竟。

西方哲學綿延二千六百多年，發源於希臘愛琴海地區，延伸到地中海周邊，再擴及整個歐洲，直至北美。就時間的長度與空間的廣度來看，西方哲學並不特別醒目，但是就其內含的豐富深刻，與影響人類的強度效應來看，則遠遠超出我們的想像。正如我們談到現代化時，不能不以「西化」為其主軸，西方哲學對於今日世界的意義也仍不失其主軸的地位。

在其他的文化體系中，哲學常與宗教、文學、歷史、藝術等相混共融。在西方則不然，哲學開闢了自己的道路，以「愛好智慧」為標竿，扣緊理性思維的原則，以此考察人類的現實生活與高遠理想。這樣的哲學即使可能在一段時日，甚至長達千年傾注全力於探索自然界或輔助宗教界，但總是會保存其「一點靈明」，而再度回到人的主體性，建構「以人為中心」的思想大廈。用「江山代有才人出，一代新人換舊人」一語描寫西方哲學界，可謂恰如其分。

初學者面對這樣的遼闊天地，內心難免惶惑。我讀大學時，一位老師鄭重提醒我們：「要想念好西方哲學，必須學會五種語文：希臘文、拉丁文、法文、德文、英文。」然而，就算學會這五種語文，還要看你有無研習哲學的興趣及領悟哲理的慧根。我的學習方法是最笨的，後來卻證明是最有效的。先說語文，除了希臘文，其他的我都認真學過，但真正學得好的只有英文。我很早就從事翻譯工作，把英文哲學作品譯為中文，數量總計超過二百萬字。這實在是笨工夫，但效果很好，因為翻譯是用中文清楚表達原文的所有含意。經過這樣的自我訓練，許多西方哲學家成為我的老師與朋友。

我在臺大哲學系教書，近年的研究領域是中國哲學，但是前二十年我一直在教的是「形上學」與「宗教哲學」，後來還教了三年的「西洋哲學史（上）——希臘及中世紀」。在教學過程中，我逐漸明白一個道理，就是：我們不是西方人，我們學西方哲學目的有二：一是了解西方文化的核心理念與根本關懷，二是學會西方人的思辨方式與系統架構。從這樣的角度講解西方哲學，學生才可真正受益。

接著，西方哲學引起許多社會人士的興趣，民間基金會與學習機構也開辦了這一類課程。我在洪建全基金會講過「西方心靈的品味」，介紹二十四位哲學家的人生觀；後來還以連續三年的時間暢談「西方哲學精華錄」，共七十二講。在教學相長的過程中，我又體認了一個事實，就是：西方哲學家的一個觀念或一句名言，常可助人想通人生的某種奧妙道理。所謂「他山之石，可以攻錯」，確非虛語。這些哲學家在文化上與時空上，同我們相距甚遠，但是正因為這樣的距離，使我們覺悟了：只要是人，就須面對某些永恆而普遍的難題，並且這些難題的解答不出幾種可能的選項。既然如此，我們就沒有必要困陷於自己當下的迷惘處境，並且對於化解這些處境的線索也開始有了頭緒。

尼采說：「哲學家是文化的醫生。」醫生有辦法測知病情的趨勢，也有能力把握救治的線索。明白人生的趨勢與線索，不正是轉危為安、化苦為樂的契機嗎？一般人沒有耐心閱讀哲學家的長篇論證與繁複思辨，因此我以「點到為止」的短文方式，介紹西方哲學家的生平軼事與思想點滴，總計二〇九篇。現在集結成書，希望能為好學的朋友提供一點沉思的趣味。

傅佩榮 寫於二〇一二年十月八日

近代哲學
Modern Philosophy

01

人文主義的鼻祖

佩脫拉克

Francesco Petrarch

1304-1374A.D.

義大利學者、詩人，出生於佛羅倫斯。早年在法國就學，後來回到義大利學習。儘管父親希望他學習法律和宗教，但他的主要興趣是寫作和古羅馬文學，曾穿梭法國、德國、義大利和西班牙，蒐羅拉丁文寫成的經典和手稿。「黑暗時代」（Dark Age）是他創用的概念，提倡人文主義，被譽為歐洲人文主義之父。義大利十四行詩（Petrarchan Sonnet）一詞源自於他，作曲家李斯特還為佩脫拉克的三首十四行詩譜曲。

轉向人間

中世紀的哲學有一個綽號，就是「神學的婢女」。信仰是人生的首要價值，神學是闡述有關神的學問，那麼哲學的任務不是為神學服務，努力證明神的存在與偉大嗎？

西方到了十五世紀，出現大轉向。何以如此？因為十四世紀中期歐洲出現大瘟疫，超過三分之一的人口死亡，其中也有不少神父與修女。信徒這才覺醒，知道要好好活著，不能只靠宗教，甚至不能以信仰為主。

倖存的人擁有較多資源，於是著手籌辦大學，推廣教育，讓理性得以自由運作。文藝復興運動在義大利開始出現，這是因為當時義大利的貴族王侯願意重金收購及複製古代典籍的手抄本，並且建立許多圖書館。

人文學者佩脫拉克上場了。他屏棄冷靜而枯燥的哲學論著，轉向具有文學審美情趣的古典作品，因為這些更能反映人性的真實面，彰顯人在情感與想像世界中所遭遇的衝突與幻想。人的偉大並不局限於對神的信仰，同時也表現在以活潑的生命去陶冶優美而高雅的情操。文學的審美因素受到推崇，教育的目標轉向充分發展人的個性上。

中世紀一千多年見證了人在信仰上所能抵達的高度，現在應該轉向人間，學習認識人類自己了。

佩脫拉克

佩脫拉克於一三三七年初次訪遊羅馬，就被羅馬的廢墟遺址所征服，他感動得「沒有言詞可形容」。他決心要跨越中世紀宗教的天羅地網，回歸希臘時代及羅馬初期的人文精神。

他要轉向人的世界。他說：「只有傻瓜才會妄自尊大，不肯懷著謙卑的態度去接受，卻想要了解大自然的奧祕，以及更深刻的神的奧祕。他們根本無法接近這種奧祕，更不用說獲得它了。」人若沒有能力辨明大自然與神，那麼剩下的研究對象就是人類自己了。

希臘思想最吸引人之處，是以人為中心，而不是以神為中心。蘇格拉底受到特別推崇，是因為他把哲學從天上帶回人間。哲學應該成為人生的學校，致力於解決人類共同的問題。佩脫拉克在《論解決方案》一書中，討論了二百五十種可能引起人們絕望或高興的情況，並且對如何應付生活中的感情危機提出了他的建議。

羅馬文豪西塞羅的文采，伴隨其理性思維與睿智見解而受到肯定。佩脫拉克是人文學者，也是基督徒，他的心胸十分開闊，能夠從各種文獻中讀出神的啟示。西塞羅與羅馬初期的作品在這個時期受到廣泛的閱讀與討論。

02

人文主義的建築師

亞爾貝蒂

Leon Battista Alberti

1404-1472A.D.

文藝復興時期義大利建築師、作家、詩人、哲學家。他是佛羅倫斯的一位商人在熱內亞所生的私生子。著有《論建築》，是當時第一部完整的建築理論著作，本書從人文主義者的角度討論了建築的可能性。

人文主義

義大利的文藝復興運動在十五世紀大放異彩。我們較為熟悉的是達文西、米開蘭基羅、拉斐爾等藝壇巨匠以及他們的傳世作品。當時的思潮是要把人從宗教的長期桎梏中解放出來，由此可以重新界定人的地位與價值。

這種思潮又稱為人文主義，最常討論的是三個問題。首先，人生應該側重沉思冥想，還是強調積極參與世間活動？結論是亞爾貝蒂所說的：「我相信，人不是生來虛度懶散的歲月，而是要努力造就豐功偉業。」

其次，要接受命運無常的安排，還是鼓舞人的力量以創造自身的命運？答案很清楚：「只要不是懶惰成性與頭腦遲鈍的人，大自然都賦予他熱切得到讚美與榮耀的願望。」因此，人應該勇於追求自我實現。

第三，歷史是天意的體現還是人類自身成敗的產物？這個問題涉及現實的政治結構。中世紀是以宗教指導政治，希望藉政治來達成宗教的目的，以拯救人的靈魂。現在，人必須思考自己的責任，要維護君主政體，還是要走向雅典式的民主或羅馬式的共和？

上述三個問題不是一轉念就可以成功的，但是忽略這些問題，就不可能引發往後數百年多采多姿的飛躍成長。

03

提倡人文主義宣言者

米蘭多拉

Giovanni Pico della Mirandola

1463-1494A.D.

義大利文藝復興時期的哲學家，出生於米蘭多拉的貴族家庭。自幼就憑藉著驚人的記憶力學習拉丁文和希臘文。他在費拉拉大學研讀哲學，之後來到承襲亞里斯多德主義的帕多瓦大學完成學業。其著作《論人的尊嚴》，成為人文主義的宣言，也被稱為「文藝復興時代的宣言」。

人的尊嚴

義大利佛羅倫斯在十五世紀後期創立了柏拉圖學院，表明了要回溯希臘精神，並與天主教的思想謀求協調之道。領軍人物是費奇諾，他將《柏拉圖對話錄》譯為拉丁文，並且栽培了不少人才，其中有一位名為米蘭多拉。

米蘭多拉二十四歲時，宣布要為源自希臘、拉丁、希伯來與阿拉伯作家的九百個論題辯護，並且邀請全歐洲的學者到羅馬來作一次公開的爭論。後來因為各方面的阻撓而未能如願。他為此寫了一篇講稿：《論人的尊嚴》。這篇文章成為人文主義的宣言。

他認為，上帝賦予人「自由、可變性與自我改造的能力」，因此人應該選擇自己的未來。在他筆下，上帝對人說：

「我既沒有使你成為天上的，也沒有使你成為地上的生物，既不是注定要死亡的也不是保證不朽的。因此，作為你自己的更自由與更體面的塑造者，你可以按照你所喜愛的無論何種形式改變你自己。你將可能下降到低級形式的野獸中間，你也將能夠由於自身靈魂的判斷而再生於高級的神性存在者中間。」

這番話在今日讀來並不突兀，但在當時可謂振聾發聵，足以引領一代風潮。

04

近代政治學之父

馬基維利

Niccolò Machiavelli

1469-1527A.D.

義大利的政治哲學家，佛羅倫斯人。他是義大利文藝復興時期的重要代表人物，被稱為近代政治學之父。著有《君王論》，提出現實主義的政治理論，其中「政治無道德」的權謀思想，被稱作「馬基維利主義」。另一著作《論李維》則提到了共和主義。其《戰爭的藝術》一書，談論兵役制度、練兵之法、工程等，讓他也成為知名的軍事家。

權謀政治

人文主義尊重人的自由與自主，那麼焦點轉向政治時，就不可避免會陷入一系列兩難問題。譬如，身為君王，要如何維繫國家的安定與自由？權力與良心之間要如何取捨？力量與德行之間孰輕孰重？以及，目的與手段能否兼顧？

馬基維利的《君王論》提出深入而赤裸裸的反省。他認為：統治者在國家處於生死存亡的重要關頭時，必須準備無所不用其極的採取欺騙、作假與武力手段。亦即要有「雄獅的凶猛與狐狸的狡猾」，為達目的而不擇手段。

一般人說他的想法是權謀政治。他的辯解是：按照天主教教義，善人要謙卑退隱，結果把國家讓給惡人來統治，並且促成了社會的腐敗。與其如此，不如善人保存高尚的動機，然後採取「必要的」手段來統治國家。

馬基維利曾在佛羅倫斯擔任軍人與外交官，他對國家的忠誠不容置疑，但是他所經歷的政治現實處境卻使他「看不到德行獲勝的希望」，於是在面對邪惡時不願絕望，才提出以惡制惡的辦法。由此可見，人文主義也許可以擺脫宗教的束縛，但是如果對人性未曾充分理解，只知其善而不知其惡，結果可能落入新的陷阱，權謀政治即為一例。

哲學豆知識

宗教裁判

天主教在中世紀主導歐洲人的心靈，同時也取得無上的政治權力與龐大的世俗財富。人是軟弱的，宗教界的領袖也不例外，他們爲了保持自身的優勢，也可能採取某種卑劣的手段。一二三三年教宗設立「宗教裁判所」，用來對付所謂的異端邪說。

於是，「互相告密成爲高尚的宗教行爲」，而證明無罪的責任「全在被告身上」。含冤死於宗教裁判所的人不計其數。近年有一部電影《聖女貞德》，描寫英法戰爭期間一位平凡女信徒率領法軍抵抗英軍的故事，最後這位女主角被控爲女巫而慘遭火焚。這就是宗教界幹的壞事。

時序進入十六世紀，有些學者同樣陷入類似的險境。譬如，布魯諾的思想有泛神論傾向，於一六〇〇年在羅馬受火刑而死。許多科學家也延遲或不敢發布自己的研究成果，因爲誰若膽敢宣稱「地球繞太陽而轉」，就會遭遇同樣的命運。

想當初，基督徒是那麼期盼羅馬帝國寬容他們的信仰自由，而後代的基督徒居然成爲迫害異己人士的凶手，眞是情何以堪！宗教發展至此，全無「愛神愛人」的崇高情懷，反而處處顯示人性的卑劣面。由此而說中世紀是黑暗時代，大概沒有人會反對。

哲學豆知識

贖罪券

許多外表美好的事物建立在醜陋的基礎上。今天赴羅馬旅遊的人無不欣賞讚歎梵蒂岡的聖彼得大教堂。這座教堂耗費巨資，其中一大部分是販賣贖罪券而籌集的。

天主教的七件聖事中，有所謂的「告解」，就是信徒若眞心懺悔自己的罪過，就須向神父坦白承認自己不爲人知的罪過，然後神父代表上帝來寬恕信徒。十三世紀初，天主教派遣十字軍東征時，爲了鼓勵士兵勇敢殺敵，乃由教宗「預先赦免」士兵的罪愆。

這種作法後來演變爲「用錢可以免去一個人的罪與罰」，再擴及延伸到免除一個人「死後的懲罰」。於是，「當投入錢箱裡的銀幣發出響聲的時候，煉獄中的靈魂便升上天堂」。換言之，富人只要花錢購買贖罪券，連犯罪都可以得到免責權。這實在是荒謬至極的宗教陋規。

在一教獨大的情況下，很難改善這樣的惡劣作風。天主教內部成立許多專務修行的團體，但似乎無補於大廈將傾的頹勢。西方思潮的走向，在十五世紀以文藝復興爲主軸，十六世紀則是宗教改革應時而起。天主教在一〇五四年分裂出東正教，現在面臨再度分裂的危機，抗議之聲此起彼落，逐漸匯爲難以阻擋的逆流。

05

宗教改革的始祖

馬丁路德

Martin Luther

1483-1546A.D.

生於神聖羅馬帝國的艾斯萊本。受過良好教育並獲得博士學位，成為神學教授。一五一七年因反對教廷販賣贖罪券而提出九十五個論題，導致歐洲基督宗教的分裂，也引發了宗教改革運動。他將拉丁文的《聖經》翻譯成德文，至今仍影響深遠。

宗教改革

正當天主教為了籌建聖彼得大教堂而四處販賣贖罪券時，日耳曼地區的馬丁路德再也無法忍受。他於一五一七年提出九十五個論題向教廷質疑。一般就以這一年作為宗教改革的開始。改革之後出現的教派統稱為「抗議派」，意即要向天主教抗議，但是在譯為中文時，它成為「基督教」。我們探討西方文化時，不可不知兩者之間的關係。

馬丁路德原是天主教神父，有一天在誦讀他念了不下幾萬次的「我信罪之赦」一語時，忽然頓悟，明白「只要相信，即可得救」。由此推展出「新教」（針對天主教作為舊教而言）的三大原則：全依信仰，全依神恩，全依《聖經》。這三大原則使每一位信徒都取得「牧師」身分，可以直接閱讀《聖經》，尋求神的啟示。換言之，具有層層架構的天主教組織以及它所強調的種種善行，都「不是」一個人得救的必要條件。

可想而知，這樣的新教原則將會造成許許多多各自分立的小教會。個人良心在宗教領域受到充分尊重，這似乎加強了人文主義的大趨勢，但是「全依《聖經》」的原則又使新教徒對於即將上場的科學革命，表現頑固的抗拒態度。歷史發展的利弊不易衡量，就像人總在矛盾中求生存一般。

06

地動說的開啟者

哥白尼

Nicolaus Copernicus

1473-1543A.D.

文藝復興時期的波蘭天文學家、數學家，出生於托倫的商人家庭。二十三歲時到義大利帕多瓦大學，學習天文、數學、醫學、法律等，受到人文主義思想的陶冶。後來在費拉拉大學獲得法學博士學位，回到波蘭弗龍堡任職，建造了一個小天文臺，被稱為「哥白尼塔」。他發表的《天體運行論》，提倡地動說，為當時的天文學帶來了巨大的變革，並開啟科學革命。

科學革命

西方十七世紀的主軸是科學革命。哥白尼在臨死之前出版了《天體運行論》，將流行千餘年的日動說改為地動說。然後歷經開普勒、伽利略，到了牛頓才算大勢底定。牛頓提出運動三定律（慣性定律、作用力與加速度定律、作用力與反作用力定律），以及萬有引力定律。

科學革命為何在歐洲產生？依懷德海《科學與現代世界》的說法，原因有三：希臘悲劇、羅馬法律與中世紀的信仰。希臘悲劇的主角是命運，在命運的安排下，所有人物都依序遭遇某些事件。羅馬法律是先界定普遍原理，再依演繹法推廣應用而毫無例外。至於中世紀的信仰，則使人堅信一切都在上帝設計的天羅地網中。這三大因素在過去二千年之間「陶冶了」西方人，使他們孕育了「科學心態」，就是實事求是，不以人意來轉移自然界的客觀規律。到了十八世紀，西方受過教育的人已經了解：上帝把宇宙造成一個複雜的機械系統，這個系統是由物質粒子組成的；粒子按照幾條可以用數學分析的基本原理，在一個中立的無限空間中運動。宇宙的中心既不是地球，也不是太陽。這樣的宇宙觀使人們眼界大開，宛如進入新天新地，接下來要問的還是：人要如何安頓自己？

哲學豆知識

新的神觀

隨著科學革命的進展，還有人相信宗教嗎？答案是肯定的。以天主教來說，內部的改革運動促成許多修會的興起。西班牙神父羅耀拉（Ignatius Loyola，一四九一至一五五六年）所創立的耶穌會是其中的主要代表。

耶穌會重視教育，在辦學方面頗有成效。著名學者如伽利略、笛卡兒、伏爾泰與狄德羅，全都受過耶穌會的教育。即使如此，神的觀念在新的科學觀衝擊之下，也須有所調整。天主教所信仰的原本是一神論：上帝創造及監管宇宙，並且安排及拯救人類。這種觀點現在受到挑戰，知識界傾向於「自然神論」，意即：上帝在創造了這個複雜而有秩序的宇宙之後，就擺脫了對宇宙的進一步監管或干預，而讓自然界按照某些完美與固定的規律去獨立運轉。

換言之，上帝的新形象是一位神聖的建築師，有如一位傑出的數學家與鐘錶匠。那麼，人應該怎麼辦？人藉由自己的智力而洞察了宇宙的基本秩序，現在能夠爲自己的利益而運用這種知識。人類承擔著更大的責任，要爲自己在世界上找到安身立命的途徑。

近代西方初期的哲學家，大都同時是優秀的科學家或數學家。科學與宗教可以並存，科學針對自然界，宗教依然關注於人的靈性生活。哲學家尋求完整系統的挑戰也更爲艱鉅了。

07

經驗主義的領軍人物

培根

Francis Bacon

1561-1626A.D.

出生於英國倫敦一個高級官員的家庭，很早就進出宮廷。十二歲即就讀劍橋大學三一學院，攻讀神學、形上學。曾任英國外交官、國會議員、大法官，也被封爵。晚年生活有點淒涼，卻在學術上有所成就，他的《新工具》為探討科學方法的著作，提倡以歸納法作為獲取知識的工具，對於演繹法較不信任，被視為經驗主義的創始者。

四種偶像

培根出身英國世家，十二歲入劍橋大學，十六歲受聘為英國駐法國特使的助理。二十三歲成為國會議員，五十七歲受封公爵頭銜。他才華卓越，文筆優雅，有人認為他即是著名文豪莎士比亞，但難以證實。

他的《新工具》一書在哲學界頗有開創新局之功，其中談及人的思考應該破除四種偶像。

一是種族偶像。他說：「一個人心中想要某事成真，他就容易相信它。」人類（這種族）希望萬物的存在都有目的，就會想像一個經由完美設計的世界，而這些只是一廂情願。二是洞穴偶像。每個人都有自己的天性、教育背景與閱歷經驗，猶如處身於特定的洞穴中，會扭曲或破壞理性之光。三是市場偶像。語言有如市場中的傳聞，會影響人的認知，使人無法恰當分析事物。一個社會所使用的語言難免帶有特定的意義，因此誰能說自己完全客觀？四是劇場偶像。許多哲學體系猶如舞臺劇，只是作者在描述自己創造的虛擬世界。這種偶像包括靠詭辯、靠經驗、靠迷信所建構成的。

培根聰明過人，宣稱自己是科學新世紀的預告者。他倡導嚴謹的歸納法，確實有助於科學觀察之用。

培根隨筆

培根認為：哲學是人類理性的作為。理性「直接」認識自然界，由受造物而「間接」認識神，以及由「反省」而認識人類自己。所謂愛好智慧，焦點應該轉向人與自然界，智慧則須落實為實用的知識。他說：「知識與人的能力，其實是同一回事。」我們習慣的中文翻譯是：知識即是力量。誰對自然界擁有更多知識，誰就越有能力掌握自然界。

培根為後人津津樂道的是他的《隨筆文集》。他大量引述希臘羅馬時期的文獻，又能以機智警語發人深省。談到「疑心」，他說：「疑心猶如蝙蝠，總在光線幽微中出現。」談到「迷信」，他說：「在所有迷信的行為中，總能看見智者追隨著愚者。」談到「君王」，他說：「君王一旦發現自己再也無法前進，常常會變得自暴自棄。」談到「愛情」，他說：「在知名的古今偉人之中，不曾有人為愛瘋狂。」談到「死亡」，他說：

「伴隨死亡而來的種種想像，比死亡本身更可怕。」

他對人的本性並不樂觀，他說：「唯有養成習慣，才能改變及克制人的本性。」人的性格可以長成芳草，也可生出雜莠。他的文字深富啟迪作用。

08

社會契約論第一人

霍布斯

Thomas Hobbes

1588-1679A.D.

英國的政治哲學家，出生於馬姆斯伯里。早慧，十五歲即進入牛津大學就讀。他擔任培根的祕書這段時間，受到培根哲學思想的影響，這時的興趣是研究希臘文和拉丁文，花費了十多年的心力，將希臘文的《伯羅奔尼撒戰爭史》譯為英文。在英國爆發內戰的期間撰寫《利維坦》，把國家比擬為「利維坦」，伸張公權力，並建立社會契約論，影響了後來的洛克和盧梭。

人與狼

英國哲學家霍布斯的代表作是《利維坦》（又名《巨靈》），描寫在自然狀態下的行動原則，要點有三：

一、每個人都應該致力於和平，為此甚至可以借助於戰爭；二、為了和平，人們必須自願放棄某些權利，在這一點上人人平等，但不能放棄保衛自己生命的權利；三、人們必須履行共同制訂的契約。依此三點，個人可以把權利讓渡於某個人或某個委員會，以形成「一個意志」，也即是「國家」。國家就是利維坦。

霍布斯的觀點基於他對人性的看法，簡單說來，「對人而言，別人都是狼」。既然人群有如狼群，就不必顧及道義，一切全依利害而定。他認為：善惡是相對的概念，由個人自己來決定，對權力（包括財富、名聲、知識）的欲望，是使一個人發展心智能力的基本因素。「個人的嗜欲是善惡的尺度。」

要使狼群形成有秩序的社會，必須伸張公權力，他說：「不帶劍的契約不過是空洞文字，它毫無力量去保障個人的安全。」同時也要強調相互的平等對待關係，他說：「享有反對他人的自由時，也必須讓他人反對自己。」西方的民主制度脫胎於這一類觀念。

09

懷疑主義的先覺

蒙田

Michel de Montaigne

1533-1592A.D.

法國文藝復興時期的哲學家，波爾多人。曾任職於波爾多最高法院，後來隱居蒙田堡專注寫作，以《隨筆》三卷名垂後世。他在哲學上最著名的就是懷疑主義，深刻影響了笛卡兒與巴斯卡。

描繪死亡

法國作家讓人印象深刻的首推蒙田。他不是學院派的哲學家，但是知識淵博、見解奇特，總能使人一新耳目。他的《隨筆》引述古人言論與事蹟，幾乎無頁無之。

如果依照古訓所謂的「探究哲理即是練習死亡」，那麼蒙田是不折不扣的哲學家。他說：「對死亡的熟思就是對自由的熟思。誰領悟了死亡，誰就不再有被奴役的心靈，就能無視於一切束縛與強制。誰真正懂得失去生命不是件壞事，誰就能坦然面對生活中的任何事。」

接著他引述羅馬詩人賀拉斯所云：「把照亮你的每一天當作最後一天，讚美它賜給你意外的恩惠和時間。」

蒙田承認，他最愛讀的書是有關死的陳述。他如果是編書的，就要彙編一本死亡評論集。但是我們不可誤以為他因而忽略了生命的可貴。他說：「誰教導人死亡，就是教導人生活。」假如你沒有好好利用人生，讓生命白白溜走，那麼失去生命又有什麼要緊？

更積極的建議是：生命的用途不在於長短，而在於如何使用。有的人活得很久，卻幾乎沒有活過。最後，他引述一位羅馬哲學家魯克雷休斯的話說：「為何不像酒足飯飽的賓客，開開心心地離去？」

教育孩子

蒙田在《隨筆》中談到如何教育孩子。不論父母或老師，都應該告訴孩子：「你可以渴望什麼，辛苦掙來的錢如何使用，國家與父母對你有什麼要求，上帝要你成為怎樣的人，祂為你設定了什麼角色，你為什麼存在，為什麼出生。」真正知道的東西，就要會使用。「不必注意老師，不必看著書本；死背書本得來的才能，是令人遺憾的才能。」柏拉圖認為：堅定的意志、明確的信念與真誠的心態，才是真正的哲學。這種哲學不會脫離實際的人生。

賀拉斯說：「想成為智者，那就行動吧！遲遲不敢生活的人，就像等河水退光後才敢過河的鄉下人，但河水卻是永不乾涸的。」

在蒙田心中，哲學是什麼？他說：「沒有比哲學更輕鬆愉快的科目了，我差點要說她喜歡逗樂了。她只勸誡人們快快樂樂地生活。」心靈裝進了哲學，就會煥發健康的色彩。哲學能夠平息人們內心的風暴，教誨人們渴望歡笑。她熱愛生活，欣賞美麗、榮譽與健康。她助人適當地使用這些財富，也準備隨時失去這一切。教育孩子，怎能忽略哲學這個可愛的科目？

10

開拓歐陸理性主義的哲學大家

笛卡兒

René Descartes

1596-1650A.D.

法國知名的哲學家、數學家、物理學家，出身貴族。曾跟著軍隊遊歷歐洲各地，在居住於荷蘭的期間，完成了多部重要的哲學作品。他的名言是「我思故我在」，相信理性比感官更可靠，提出普遍懷疑作為思考的出發點，其見解深深影響了近代歐洲人，開拓歐陸理性主義哲學。

戴著面具

法國的笛卡兒被稱為「近代哲學之父」。主要的原因是他勇於追求真理。在天主教統治的中世紀，《聖經》是真理的來源。現在笛卡兒要把《聖經》擱在一邊，設法用「理性」去探求真理。這當然不是一件沒有風險的事。

開創新的思潮，難免引來誤會與猜忌。笛卡兒認為自己生性內向，不願引發太多爭議，他說：「就好像演員戴上了面具，臉上的害羞不會顯露出來；我就這樣戴著面具，踏上了世界舞臺。」他在學生時期，就讀耶穌會主辦的學校，必須學習傳統的經院哲學。他表面上是個順從、有責任感、求知欲很強的學生，但內心厭惡老師所教的東西。

他說：「當我不必再聽命於老師時，我就完全放棄學校的課業。除了在我自身中或者在世界這本大書中能找到的知識以外，我決定不再追求其他知識了。」

他在巴黎找到了這本「世界之書」，陷入玩樂的漩渦中。騎馬、鬥劍、跳舞、賭博，樣樣都來。不過，他似乎依然戴著面具，很快就消失無蹤，沒有人知道他在哪裡。因為這時他深居簡出，獨自一人致力於探究數學與哲學問題。他後來前往荷蘭，過著半隱居的生活長達二十一年。沒有這樣的沉潛，又怎能爆發思想的火花？

理性之光

笛卡兒為了認識世界，乃投身軍旅，隨著軍隊調動而到處遊歷。他在一六一九年十一月十日起連續做了三個夢，使他確信自己的使命是「以理性探討真理」。

他的構想是：每一個人在一生之中，至少要有一次，要去懷疑所有能被懷疑之物。譬如，世界存在嗎？我可能是在做夢而以為世界存在。上帝存在嗎？那可能純粹只是幻想？那麼，自我存在嗎？我若懷疑自己的存在，那麼我至少可以確定有個「正在懷疑的自我」。結論很清楚：「我懷疑，所以我存在。」

懷疑是一種思考作用，因此笛卡兒可以說：「我思故我在。」這句話很容易被人誤解。有些人開玩笑，說：「我在故我思。」但問題是天下許多人雖存在但未必思考。也有些人借題發揮，說：「我吃故我在，我愛故我在……」這些都只能當成戲謔之詞。

笛卡兒的說法是嚴肅的。「我思故我在」一語，所要表達的是「我思即是我在」，接著要肯定的是「我即是思」。我是我的思想，思想與身體是兩回事。這種觀念引發了西方近代的唯心論思潮，同時也使人的「身與心的關係」成為棘手問題。哲學不怕有新問題，就怕沒有面對問題的勇氣。

思考方法

笛卡兒把數學方法應用於哲學探討中，由此開啟了哲學的新世紀。他提出有關思考方法的四條規則，值得參考。

一、自明律：「絕不承認任何事物為真，除非我明明白白知道它為真。」人藉由直觀，可以獲得「清晰而明白」的單純觀念。譬如，凡物體必有形狀、廣延與可動性；凡心靈必有思想、意志與懷疑能力。

二、分析律：「將我所要檢查的每一難題，盡可能分解成許多細小部分，使我能順利解決這些難題。」

三、綜合律：「依照次序引導我的思想，由最簡單、最容易認識的對象開始，一步步上升，如登臺階，直到最複雜的知識。」

四、枚舉律：「處處作周全的核算與普遍的檢查，直到足以保證沒有遺漏任何一例為止。」

以上四律是我們追求一切知識所共用的方法，因為它們是理性的規則。人若不經由理性，如何可能建構知識？笛卡兒從此與經院哲學分道揚鑣，開闢了另一條愛智之路。

他的著作受到天主教的強烈質疑，以致他希望在自己死後一百年才讓世人讀到這些作品。一位朋友告訴他：「為了早日讀到你的作品，只有盡快把你打死。」

圓滿體系

依笛卡兒所說，身體與心靈是兩個不同性質的東西，那麼如何肯定一個人是完整的呢？這個問題可以擴大來談，就是：宇宙如果只是物質加上動力，那麼它為何顯示了明顯的秩序呢？答案是：上帝是一位高明的設計師，正如一位鐘錶匠，可以讓鐘錶配合實際的時間而運作。

但是，上帝存在嗎？笛卡兒在說出他的傳世名言「我思故我在」之後，稍加反省就補充說了一句：「我在故上帝在。」這句話才使笛卡兒的思想形成一個圓滿體系。怎麼說？如果只肯定「我思故我在」，那麼這個「我」畢竟在時間過程中不斷變化而有始有終，它真可以說是「在」嗎？這個「我」顯然需要一個「起源與歸宿」，否則它依然可能只是一場夢境中的角色。

不僅如此，人本身並不完美，但是人卻可以理解「完美的上帝」是怎麼回事。這個觀念的來源是什麼？是上帝擺在人的心靈中的。人靠自己是無法想出上帝概念的。笛卡兒本人是天主教徒，對上帝概念並不陌生，但是他的證明可以獲得普遍認同嗎？答案恐怕是否定的。

無論如何，哲學家心目中的上帝也許出於理論上的需要，無法等同於宗教徒所崇拜的上帝。

生活格言

笛卡兒好學深思，並且高舉理性的大旗，他對人生應該有些睿智的見解。他有一句座右銘，就是「不要欲求自己能力範圍之外的東西。」所謂能力範圍，可以不斷擴大，那麼欲望也將越來越多嗎？這似乎不是他的意思。

比較清楚的說法是：「努力實踐理性的指示，不受情緒、欲望所改變。」這個目標不易達成。笛卡兒還說過：「要盡量知道在整個人生中，什麼是該做的，什麼是不該做的。」最讓人振奮的是他說：「一個國家最大的財富，乃在於擁有真正的哲學。」

也許是為了證明自己所代表的是真正的哲學，他接受瑞典女王的邀約，前往瑞典宮廷為女王上課。畢竟誰能拒絕女王派一艘軍艦來迎接的禮遇呢？但是，從小開始就晚睡晚起的笛卡兒必須為此改變生活習慣。因為女王希望清晨五點就能與他進行哲學討論。瑞典的氣候使他嘆息，那是「熊的國度，位於岩石與冰塊之間」。他不久罹患感冒，演變為肺炎，並在五十四歲與世長辭。

瑞典女王在今日看來微不足道，哪一國的政治領袖不是如此？但笛卡兒的思想依然亮麗，可惜他沒有做到自己明智的生活格言。

11

天才兒童

巴斯卡

Blaise Pascal

1623-1662A.D.

出生於法國克萊蒙費朗。他的父親對科學和數學很感興趣，教育出在數學和科學上都有驚人天分的神童巴斯卡。在數學方面他是機率理論和賽局理論的開拓者，並提出關於圓錐曲線的「巴斯卡定理」、有關二項式係數的巴斯卡三角形，後來他因宗教經驗的深刻啟發而遠離數學，專注於沉思和寫作。其人文思想深受蒙田影響，《思想錄》是他的代表作品。

天才兒童

在笛卡兒之後，法國出現一位天才兒童，名為巴斯卡。據說他沒有正式上過學，但十二歲就在地板上用粉筆畫著三角形與圓形圖案，獨自證明了歐幾里德的幾何學原理。由於父親是稅務員，他在十九歲時設計了第一臺可以使用的計算機來幫助父親計算稅收。他甚至提出了接近微積分原理的一些構想。

巴斯卡並未往科學方面發展，卻轉而關注哲學問題。他的座右銘是：「我們必須認識自己。」「一個人活著卻不去探究人類是什麼，是一種不可思議的盲目。」在他專心思考人的問題時，似乎獲得某種特殊的體驗，感受到宗教的無比吸引力。他開始撰寫《思想錄》，描述他以有限的生命追尋無限的上帝的心路歷程。

他從十八歲起就沒有擺脫過這種追尋的渴望與苦惱。後來他隱居沉思，有一陣子還住在修道院中，專務於祈禱。他散盡家財濟助窮人，遣散僕役與隨從，屋中沒有任何圖畫與壁紙，拒絕自己喜愛的菜餚，還製作一條有尖刺的腰帶繫在身上進行苦修。他死於一六六二年，得年三十九歲。他的《思想錄》不僅成為法國名著，也是有意探索人類精神世界者的重要參考。

雙重真理

巴斯卡認為，我們應該明白雙重真理，就是「上帝存在」與「人的困境」。只知道前者，將造成哲學家的傲慢，只知道後者，將導致無神論者的絕望。不僅如此，只知上帝而不知耶穌基督，也是無用而貧乏的，最多只能肯定自然神論。他批判笛卡兒「使上帝推動世界，然後就把上帝擺在一旁」。一個人若只是幾何學家，「我不認為他與能幹的工匠有多大差別」。哲學若不能證明上帝存在，則無法宣告人生的幸福。理性可以研究數學、自然科學與自然哲學，但是若無基督信仰，人不可能了解自己。

他說，人的生命非常脆弱，一滴水、一股蒸氣就可以致人於死。人無異於大自然中的蘆葦，但他是「會思想的蘆葦」。人的全部尊嚴都在於思想。「如果宇宙要消滅人類，人類還是比宇宙更為高尚，因為人類知道自己即將死去，也知道宇宙的勢力遠遠超過人類，但是宇宙對此卻一無所知。」人類的偉大在於「知道」自己的生命必有終局，知道一生將無法避免愁苦。

「人類是宇宙的光輝，也是宇宙的渣滓。」明白這種處境，人將何去何從？這些都是值得我們沉思的題材。

賭注論證

對巴斯卡而言，哲學的首要任務是發現人的軟弱與救贖。人的理性只能明白一件事，就是：人類在自己身上既不能找到真理，也無法尋得幸福。雖然哲學家曾經允諾過，卻不可能實現這個諾言。於是，「嘲諷哲學就是真正的哲學思維」。

理性之路似乎走不通，但巴斯卡還是構想了一個「賭注論證」，要人從賭博的角度來考慮信仰問題。當然，在當時的歐洲，信仰是指天主教或基督教的信仰。

賭注論證並不複雜。對於「上帝是否存在」這個問題，懷疑論者不願下注，但「保持中立」本身無異於選擇了放棄。這是不負責任的，也不符合自己的利益。下注於「上帝存在」的人顯然有利：「如果你贏了，你贏得一切；如果你輸了，也沒什麼損失。」前者是永恆的幸福，後者是有限的損失（如世間享樂），但這種損失將造就高尚的德行，所以不能算是損失。參加賭局，是用確定之物去賭不確定之物。在此，是以有限的一生去賭無限的永生。

實在說來，這個論證的趣味性要超過它的有效性。在巴斯卡看來，這是人生最迫切的抉擇，但一般人恐怕未曾想過人生是這樣的一場豪賭。

12

一元論的代言人

史賓諾莎

Baruch de Spinoza

1632-1677A.D.

出生於荷蘭阿姆斯特丹的猶太人，父母親經商，生活富裕。他是一元論者，認為宇宙間有一個最高實體，即是上帝，透過自然法則來支配世界，因此物質世界發生的每一件事都有必然性，精神世界也沒有自由意志。他的代表作《倫理學》用幾何學的方式書寫，有公式、定理、論證等。

開除教籍

猶太人相信自己是「上帝的選民」，因此飽受折磨與考驗，好像煉鐵成鋼必須去除各種雜質。他們以信仰為核心，保持強勁的內聚力。他們的祖國是「可以攜帶的」，即是《聖經》與法典。因此，縱使浪跡天涯，他們依然屬於同一個民族。身為猶太人，若被開除教籍，那是何種處境？

史賓諾莎是荷蘭籍的猶太人，他在閱讀笛卡兒的著作之後，認真用理性來思考宗教問題，提出一些正統猶太教所無法接受的觀點。幾經勸說與警告無效之後，他被判處開除教籍。聲明中寫著：「他不分晝夜都將受到詛咒；不論在睡夢中或清醒時都會受到詛咒；不論出門在外或居家生活都會受到詛咒。上帝永遠不會寬恕他……他的名字將在天國中被刪除……任何人都不准同他交談或書信往返；任何人都不准對他表示友好；任何人都不准閱讀他的文章。」

這一段聲明讓人毛骨悚然。然而，史賓諾莎「只臣服於真理而不擔憂可能帶來的後果，也不害怕別人的評斷」。他隱居於海牙近郊，以磨製鏡片為生，繼續他的哲學思維工作，並且以其著作震撼了無數愛智的心靈。

愛恨之間

在西方哲學史上，在受人敬愛與被人憎恨之間出現最大差距的，大概非史賓諾莎莫屬了。

敬愛他的人所著眼的是：嚴謹的理性推論與求真的無比熱忱。德國啟蒙運動的作家萊辛聲稱：「除了史賓諾莎的哲學之外，別無哲學可說。」文學家赫德承認：「他的哲學讓我深感喜悅。」文豪歌德說：「我覺得自己與他非常相近，只是他的思想比我的更深邃、更純淨。」

憎恨他的人不在少數，批評範圍從他的思想與著作，推擴到他的生活作風，連他在夜裡工作的習慣也成為謾罵的題材。較有代表性的是在評論他的一本書時，一位教授說：「這本書充斥著褻瀆與無神的論調，真正該做的是把這本書丟回地獄的黑暗中，因為它彰顯了人類的缺陷與羞恥。好幾個世紀以來，我們不曾在世間看過比這個更糟糕的東西了！」

由此看來，持有既定立場的封閉心靈一定會詬罵史賓諾莎，因為保守的信徒無法忍受理性的光芒。但是在哲學界呢？聽聽黑格爾的說法：「只要讀完《倫理學》的每一行，你不可能不喜歡哲學。」《倫理學》正是史賓諾莎的代表作，它的副標題是：「以幾何學方式予以證明。」

認真推理

當笛卡兒用「我思故我在」的說法來區隔人的心靈與身體時，宇宙也隨之分裂為「心與物」的二元系統。如果加上笛卡兒為了協調心與物的搭配而請來的上帝，那麼整個系統不是分裂為三（上帝、心、物）了嗎？

史賓諾莎從這裡出發，認為心與物只是一體之兩面，而所謂的一體即是上帝。如此一來可以恢復一元論的圓滿系統。但是新的問題來了。難道心與物真的是上帝的兩種表現方式嗎？以自然界來說，它代表「物」的整體，那麼它與上帝也是一體的嗎？這種觀點不是泛神論嗎？不論是猶太教、天主教與基督教，都無法容忍泛神論的想法。這正是史賓諾莎到處受人責難的原因。

他在《倫理學》中，依幾何學的方式，先為基本概念下定義，設定公設，再提出一系列論證。譬如，他說：「實體是存在於自身之中，且透過自身而被理解者。」這樣的實體必定是唯一的與恆存的，因而與上帝無異。上帝必然創造萬物，但萬物必然被造並不等於必然存在；因此依然可說上帝是自由的。「自由是指一物依其自身本性的必然性而行動」。如此步步為營，有如天羅地網，建構一個完整的系統。問題是：這樣的系統與《倫理學》有何關係？

人的自由

史賓諾莎的代表作是《倫理學》，但他開頭所談的是有關上帝與實體這些形上學的題材，何以如此？因為若無堅實的基礎，人的倫理作為又豈有標準可言？

他的著作分為五卷，標題依序是：一、神（上帝）；二、心智的性質與起源；三、情感的起源與性質；四、人的奴役或情感的力量；五、知性的力量與人的自由。

人如何獲得自由？關鍵在於理智。理智是化解激情、走向自由的途徑。只要對某種情緒形成清晰而明白的觀念，這種情緒就不再成為激情。依理性而行動，即是有品德，即是對自己有用，可以保存自己。只要了解「人是根據其本性的必然性而行動」，我就不會討厭別人或心存報復之念。「不要哭，不要笑，要理解。」

人的理智的最高功能是認識上帝。了解上帝是萬物之因，所以也是痛苦之因，如此則痛苦不再是激情，而人只有喜悅。從「永恆」的角度去理解萬物，即是在認識上帝，即是對上帝有「知性之愛」。人類若能結合為一，則為自己即是為人人。「我們不要輕視、憎恨或嘲笑任何人，也不要生氣或羨慕別人。」道德與知性攜手並進。這當然不易做到。史賓諾莎說：「正因為此事困難，所以值得一試。」

13

全能天才

萊布尼茲

Gottfried Wilhelm Leibniz

1646-1716A.D.

德國哲學家、數學家，生於神聖羅馬帝國的萊比錫。以全能通才享譽於世，被稱為十七世紀的亞里斯多德。他在數學上發明了微積分。他的《單子論》（*Monadology*）主張萬物是由無限多的、沒有廣延性及可分割性的單子所構成。他在《神義論》（*Théodicée*）談到人世間的各種罪惡，為上帝提出辯護。他和笛卡兒、史賓諾莎被並稱為十七世紀三位最重要的理性主義哲學家。

追根究底

西方近代哲學有理性主義與經驗主義兩大陣營。前者的三位代表是笛卡兒、史賓諾莎與萊布尼茲。萊布尼茲是個天才型人物，八歲時靠著自修而學會拉丁文。十五歲上大學念法律，但很快就轉向哲學。二十一歲已有學校聘請他擔任教授，但他不願太早受教職所束縛。

他出任宮廷圖書館館長，威爾芬王室委託他撰寫王室歷史。他認為這段歷史牽涉到王室所轄土地的相關歷史，於是他從事地質學研究。但地質是整個地球的一小部分，所以他必須先研究地球形成的歷史。如此一來，寫作數年而毫無進展。當時的普魯士熱衷於成立學術院，他的學問與聲望都夠，成為首任院長。

他的著作極多，是從亞里斯多德以來沒有人能超越的。腓特列大帝談到他時，說：「他自己就是一所完整的學術院。」他發明了數學中的微積分，設計了一臺計算機與一艘潛水艇。他在讀到天主教傳教士所翻譯的《易經》之後，非常興奮，因為他由六十四卦看到了二元對數（〇與一；陰爻為〇，陽爻為一）的應用。他曾申請到中國進行研究，但未能成功。他是十八世紀初期歐洲最有學問的人，他的哲學稱為「單子論」。

單子論

提起單子論，就知道那是萊布尼茲的招牌理論。

構成萬物的基本單位稱為「單子」。單子是單純實體，沒有形狀、廣延性及可分割性。不過，在「質」方面，單子彼此區別，各有某種程度的知覺與欲望。每一個單子天生就具有某種知覺程度以反映宇宙，它有內在活動與自我發展的傾向。簡而言之，單子無窗戶，彼此不交往；但同時又有一種「預定的和諧」，使所有的單子協調共處。

上帝的角色成為「中心單子」，根據完美律而預先設定所有單子之間的和諧系統。以人為例，「靈魂的活動依據目的因法則，身體的活動依據動力因法則；這二因搭配協調，並無矛盾」。不僅如此，歷史有其目的，是為了建立「在自然世界之內的道德世界」而進展。

那麼，眼前這個世界是否「所有可能的世界中最好的」？萊布尼茲的答覆是肯定的。他認為，上帝的一切作為都是為了實現最美好的事物，正如人的行動是為了達成自己覺得最美好的事物。

這種樂觀心態很容易受到質疑，譬如黑格爾說：萊布尼茲的單子論是「一部形上學小說」。他如何面對人間的痛苦與罪惡呢?這就要看他所寫的《神義論》了。

神的正義

有一門學問稱為「神義論」，就是要證明神的正義。當你看到世間充滿各種不幸與災難時，難免會懷疑：那位創造世界的上帝真的不必負責任嗎?上帝若無法化解邪惡，則只有兩種可能：一是上帝能力不夠，二是上帝愛心不足。

萊布尼茲在《神義論》談到世間各種「惡」時，為上帝提出辯護。惡有三種：

一、形體的惡或苦難（如生病與死亡）：這是常態現象，不過整體而言，善仍然多於惡。

二、形上學的惡（如萬物終將變化及消失）：受造物的不完美並非取決於神的選擇，而是取決於受造物所注定的本性。世界依然是一切可能的世界中最好的。

三、道德的惡（如故意傷害別人）：這是因為人在行動時「缺乏」正當秩序，應該由人自己負責。人有理性與自由，可以學習分辨善惡，怎能將責任推卸給上帝?

這裡最成問題的是道德的惡。上帝能否創造一種「既有自由又不會行惡的人」？自由與可能行惡，似乎是不可分離的一體，在概念上區隔兩者將會陷入矛盾，而上帝怎能做出自相矛盾的事呢？萊布尼茲雄辯滔滔，但是人在歷經各種苦難之後，就會覺得他的說法無異於紙上談兵。

14

經驗主義的大將

洛克

John Locke

1632-1704A.D.

生於英格蘭薩默塞特郡威靈頓村。曾在牛津大學學習醫學，畢業後成為醫師。他無法認同笛卡兒理性主義的想法，主張經驗主義。洛克與霍布斯同為社會契約論者，卻因對「自然狀態」的認知不一樣，而發展出不同的理論。洛克認為人類天生是自由與平等的，並用自然權利和社會契約等觀點說明政府統治的正當性。其著作深深影響了伏爾泰、盧梭和美國幾位開國元勳，他的契約論被反映在《美國獨立宣言》中。

心靈白板

英倫三島是經驗主義的大本營。所謂經驗主義，是就人的知識來源所提出的觀點。洛克首開其端，認為人的心靈有如「白板」，什麼都沒有。

那麼，人的知識是如何形成的？依笛卡兒理性主義的說法，人的心靈有所謂的「先天本具的觀念」。但是，洛克無法苟同，他主張：經驗是一切觀念的來源，人的心靈只是一張白板。

觀念共有四種：一是感覺觀念，由一種或多種感官所帶來的知覺（如白色、香味、動、靜）；二是反省觀念，包括知覺或思考，意欲或意願；三是伴隨前二者所產生之苦與樂；四是與前三者同時出現之「存在、統一、力量」。這四種簡單觀念構成人類的知識。

他提出著名的「性質」之說。性質有兩種：一是初性，是能在我們心中產生簡單觀念的力量（如堅實、廣延、形狀、動靜、數字）；二是次性，它並非對象本身所具有，而是對象借其初性在我們心中產生各種感覺的力量（如色、聲、嗅、味）。換言之，次性是物體中的力量「作用於」人的感官的東西。次性是人的主觀知覺，與物體並無相似之處。於是，我們認識的不是物體，而是我們對物體的觀念。

政治原理

洛克畢業於牛津大學，教過希臘文、修辭學與道德哲學，後來還取得醫學學位與行醫執照。一六六五年他開始從事外交與政治事務，一度流亡荷蘭。一六九六年擔任英國商務大臣。他是啟蒙運動初期的傑出人物，倡導宗教自由，反對宗教狂熱。

他的政治哲學相當完整。基本觀念如下。在自然狀態中，人類天生是自由與平等的。人們依理性而群居，沒有任何身負權威的上司做裁判。理性是人的自然法則，它教導人們「不應傷害別人的生命、健康、自由、財產，因為人人皆為上帝所造，皆為平等而獨立。人有良心，受到自然的道德法則所約束」。人也有自然權力，如私有財產權。

人類結合成為國家，是為了保護人民的生命、自由與產業。在原始的「契約」下，個人放棄權利而交給大多數人裁決，但絕不會放棄自由而淪為奴隸。國家應該三權分立，就是：立法權、行政權（包括司法權）與聯邦權（包括發動戰爭、促進和平、結合同盟、簽署合約等）。

今日民主國家的基本理念大致不出洛克所提的上述觀點。英國哲學側重經驗與實用，不喜歡玄奧神祕的說法，這一點特色在洛克身上也十分清楚。

15

論證存在即是被感知的主教

貝克萊

George Berkeley

1685-1753A.D.

和洛克、休謨被稱為英國近代經驗主義哲學家。他同意洛克有關經驗是一切觀念的來源的主張，其名言是：「存在即是被感知」。著有《視覺新論》、《人類知識原理》等作品。

深山的花

繼洛克之後上場的，是英國教派的主教貝克萊。身為宗教領袖，貝克萊的哲學在談到知識問題時，顯然把重點都置於人的心智作用上。

他的名句是：「存在即是被感知。」譬如說「這張桌子存在」，即是說「這張桌子被感知或可被感知」。如果空屋中有一張桌子，沒有人去感知它，那麼這張桌子是否存在？這根本無關緊要。

於是，人類所有的知識與思想，都局限於自己的觀念中。不僅如此，觀念並非人對事物的觀念，因為觀念即是事物。這句話有些奇怪，但並非胡言亂語。我們不是在想像中虛構許多從未客觀存在的東西嗎？我們心中的觀念不是常與真實事物相去甚遠嗎？

現在問題來了。深山中有一朵百合花，從未被人感知過，那麼它存在嗎？貝克萊的宗教背景在此發揮了作用，他會說：這朵花存在，因為它被上帝感知。

由此可見，西方有些哲學家在遇到難解的問題時，總是把上帝請出來。你若繼續質疑，他會說：「我們沒將灰塵擦去，然後埋怨自己看不清楚。」為了證明心智的卓越性而降低萬物存在的真實性，得失之間要如何盤算？

哲學豆知識

啟蒙運動

歐洲十八世紀的主軸是啓蒙運動。這個運動使西方眞正由中世紀跨入近代世界。從「超自然主義的、神話的、權威主義的」思維模式，轉移成爲「自然主義的、科學的、個體主義的」思維模式。

學者們試圖根據理性來建構一套完整的知識系統，認眞編纂百科全書。一般人則開始追求塵世的幸福。人有義務尋求人性的尊嚴與價值，不必再依賴宗教。大家都深信人類正在「進步」，因而覺得「樂觀」。

一七五五年葡萄牙里斯本發生大地震，死傷慘重。這個天災使許多人認眞面對「惡」的問題。即使上帝存在，恐怕也無視於人間苦難。唯物論與無神論攜手登場。拉美特利在《人是機器》中說：「當我行善或行惡，當我早晨善良夜晚邪惡，其原因乃在於我的血液。」卡巴尼斯甚至說：「大腦分泌思想，就像肝臟分泌膽汁一樣。」

德國方面的啓蒙運動則是另一番景觀。理性指導人生，但理性與信仰並無衝突的必要。萊辛認爲神對人類的啓示，現在已由嬰兒期與青春期走向了成年期，就是：人們行善不是爲了天上或人間的獎賞，而是爲了善而行善。眞能做到這一步，人類確實值得刮目相看。

16

啟蒙運動的領導者

伏爾泰

Voltaire

1694-1778A.D.

法國啟蒙時代的思想家、哲學家、文學家，生於巴黎富裕的家庭。通曉拉丁文、希臘文、義大利文、西班牙文和英語等多國語言。他經常針砭朝政，曾因寫詩諷刺宮廷貴族而遭流放和關押入獄。他以《哲學通信》宣揚英國的改革，批判法國的專制政體，並為《百科全書》撰寫條目。他是啟蒙運動公認的導師與領袖，被譽為「法蘭西思想之父」，主張言論自由，反對君主制度，抨擊天主教會。

工作狂熱

啟蒙運動的主要舵手是伏爾泰。當時是法國激烈動盪的時代，伏爾泰的生平亦是如此。他似乎生性好事，與宗教界、政治界都合不來。他有一段時間幾無容身之處。他被禁止居住在巴黎，還曾被關進巴士底監獄，但他在那兒卻享有特權，可以和典獄長同桌共餐。從後代的眼光來看，是那位典獄長享有與他共餐的特權。

法國作家雨果說：「舉出伏爾泰，無異於形容了整個十八世紀。」從未有一個作家在生前有這麼大的影響力。幾乎每一本書都被查禁，但他卻為自己奉行的真理殺開一條血路，到了最後，教宗與帝王都來奉承他，半個世界留神傾聽他的每一句話。暫且不談他所謂的真理，也不管他如何縱情於人間享樂，至少他的工作狂熱是讓人佩服的。

他說：「沒事做等於沒活著。」他的祕書說，他只有在時間上是非常吝惜的。「一個人必須想盡辦法給自己工作，使自己在世間撐得下去……我年紀越大，越覺得工作是必要的。工作最後成為最大的快樂，還代替了我們對生命的幻想。」他甚至說：「你如果不想自殺，就須時時有些事情在做。」他活到八十四歲，造成巨大影響。他死後十一年爆發了法國大革命。

顛覆宗教

伏爾泰代表啟蒙運動的精神。所謂啟蒙，首先就須揭穿宗教中的迷信成分，為此他與天主教公然爭辯。光是這份勇氣就讓人佩服了。他個人相信上帝，但對於代表上帝的教會卻毫不留情地批判。教會是由人群組成的，人性的弱點往往汙染了神聖的源頭。

他指出：上帝創造了世界，又讓耶穌釘死在十字架上，藉此拯救世人，但是對於無緣得知此一救世計畫的大多數世人來說，卻反而有墜入地獄的危險。「這樣的教義是難以置信且令人厭煩的，它使得上帝一變而成為惡魔本身。」

他最擔心狂熱的信仰。因為這種信仰會導致「嗜殺成性」的作為，會「促成犯罪」，簡直是一種「地獄的妄想症」。他反對迷信與狂熱，但並不認為人可以沒有信仰。他說：「我不是基督徒，正是因為我要賦予上帝更多的愛，所以我才不是基督徒。」

他嚮往的是在自然狀態下所產生的信仰，是不需要經由舊約與新約才可顯示給人的上帝。他說：「一定存在某物，存在一個永恆的東西，因為萬物不可能源自虛無。」這種觀念合乎理性的要求，但卻無法滿足人心的最深渴望。看來哲學家與宗教家各有自己的上帝，並且不易協調。

無奈人生

伏爾泰批判當時在歐洲擁有龐大勢力的天主教與基督教，並且自行提出一種無所不包的上帝觀念，有如自然界的精神力量。他否認自己是無神論者，但是在實際生活中卻過得十分無奈。他的私生活一片紊亂。他為自己找一個神學上的理由：「上帝將我們安置在這個世界上，是為了讓我們享樂，其他一切都是平淡庸俗、令人噁心而可悲可憐的。」他一生不愁錢財，晚年還有一百六十名侍從，不過生活依然一團糟。他說：「我已經習慣軀體與心靈上的亂七八糟了。」

他宣揚理性，但最後陷入了懷疑論，剩下的只有絕望。他說：「當我想到我經歷了所有探討之後，還是不知道我從何而來，我是什麼，我將往何處去，我將成為什麼，我就幾乎陷入絕望中。」

「這個世界彷彿是一堆空洞與虛無，是令人厭惡的。無聊的吹噓，這就是生命……我們所有人都像是被判了死刑的俘虜……當時候到了，他就會發現這一生是白活了一場。」伏爾泰有如「置之死地而後生」，最後承認自己一生想要的東西是「獨立與安靜」。為了這麼簡單的目標而奮鬥一生，並與傳統決裂，伏爾泰可曾懊惱過？

17

人民主權的提倡者

盧梭

Jean-Jacques Rousseau

1712-1778A.D.

出生於日內瓦的瑞士裔法國人，後來搬到巴黎結識了許多著名的思想家。他在著作《論科學與藝術》、《論不平等之起源》中批判文明的罪惡，希望回歸人的自然狀態，並在《民約論》一書中繼續頌揚野蠻的美好。他認為國家是因制訂契約而產生，人民是訂定契約的主體，由此提出人民主權的思想。

文明之惡

誰促成了法國大革命？如果扣緊思想家來說，我們立即想到的是伏爾泰與盧梭。伏爾泰極力推崇理性與文明，盧梭則反其道而行，認為文明是罪惡的淵藪。

盧梭認為：天文學來自迷信與占星術；辯論術來自人的野心、憎恨、虛假與諂媚；幾何學來自貪財計較；物理學來自無益的好奇心；倫理學來自人類的自負。換言之，人文科學與自然科學的誕生，皆可歸因於人們的不道德。

盧梭出版《論不平等之起源》，希望排除文明的罪惡，回歸人的自然狀態。伏爾泰收到這本書，讀完之後回信給作者說：「先生，我已經接到你反對人類的新書，謝謝你……在努力將我們轉變為野獸的企圖上，從沒有人像你這麼聰明，讀你的書真的讓人渴望用四隻腳在地上爬行。不過，我放棄爬行將近六十年，我覺得很不幸，再要重溫舊習已經不可能了。」

伏爾泰看到盧梭在《民約論》繼續歌頌野蠻的美好，心中氣不過，在一封寫給朋友的信中說：「唉，先生，你看現在盧梭像一個哲學家，正如一隻猴子像一個人了。」不過，後來他看到瑞士當局燒了盧梭的書，就說：「你的話我一句也不同意，但我至死也要維護你說話的權利。」

懺悔之心

盧梭生於日內瓦的一個鐘錶匠家庭，沒有上過大學，靠自學成名。他做過雕刻匠、家僕、稅務員、家庭教師、樂譜抄寫員、外交官祕書、作曲家，最後發現思考與寫作才是他的本行。他最初信奉喀爾文教派，後來改信天主教。一生在生活上、感情上、信仰上皆漂泊流浪。

他寫過一本《懺悔錄》，毫不掩飾地坦白描述自己的生平事蹟。他開場就說：「我開始從事一件史無前例、將來也不會有人仿效的工作，就是以完全的真實來描寫像我這樣的一個人。」他說：「我閱讀我的心靈，然後了解人類……自然究竟是出於善意或是惡意而摧毀它塑造我時的模子，只有在讀過我的書之後才能加以評判。」

盧梭雖然信仰宗教，但是正如「告解」（亦即懺悔）讓人得到寬宥而難免一再犯罪，他的一生可謂變化無常。他的感情生活相當複雜。這位撰寫《愛彌兒》的偉大教育理論家卻完全不知道該如何經營一個家庭。他把五個子女都送到育幼院，因為他嫌他們太吵鬧又太花錢。

他長期患有憂鬱症與妄想症，從不吝於批判啟蒙運動所高舉的理性大旗。他寫過一封信給伏爾泰，其中有一句很清楚的話，就是：「我討厭你。」他討厭的是冷冰冰的理性。

啟蒙爭議

只靠理性，人可能啟蒙嗎？盧梭生性熱情又渴求真理，在他看來，理性大有問題。啟蒙運動中的百科全書派代表狄德羅，談到盧梭時說：「這個人讓我深感不安，與他相處時，我覺得好像有一個被詛咒的靈魂站在旁邊。我永遠都不想再見到他，他使我相信地獄與魔鬼的存在。」

盧梭致力於釋放「真正的人」，使長期被壓抑的人性重見天日。他強調「感覺先於理性」，人應該注意內心的直接感受。若是文明造成罪惡，那麼最初的人類應該是善良的。在抽離掉社會，取消所有外加於人的非自然條件之後，才可對人的本性狀態作一種「假設性的說明」。

他認為：人在原始的自然狀態是善的，並且在人性中沒有原始的邪惡或罪過。人與動物的差異有二：一是人對自由的意識，這種純粹精神性的活動不是機械論原理可以解釋的。二是人的可完美性，亦即有能力改善自己。

問題在於私有財產。他說：「誰第一個把一塊土地圈起來，並想到說『這是我的』，而且找到一些頭腦簡單的人居然相信了他的話，誰就是文明的真正奠基者。」由私有財產引發了不平等，以及後續的戰爭狀態，因而必須成立社會、法律、政府。為了保障自由，所有的人都輕率地跑進了枷鎖中。

良知之聲

盧梭有一句名言：「人類生而自由，卻處處活在枷鎖之中。人以為自己是萬物的主人，結果卻反而比萬物更是奴隸。」怎麼辦呢？他提出「社會契約」觀念：每一個人把自己的權利共同置於「普遍意志」的最高指導原則下，並在團體的力量中，接納每一個成員為整體所不可分割的部分。

普遍意志代表所有人民的意志，是為了共同利益的目標。這是法律的基礎。他引述一句拉丁文名言：「人民的聲音就是上帝的聲音。」人的美德使個別意志與普遍意志合一，服從法律即是服從自己的理性與判斷。

人有良知，只要傾聽良知之聲就不會被文明腐化。「在我們心中有一個正義與美德的天賦原則……我們藉它判斷自己與別人的行為是善是惡；這個原則即是我所謂的良知。」

他的國家理論鼓勵人們尋求普遍意志，為大革命提供了導火線。他對後來的哲學家的啟發，在於新的自由概念：自由的目的在於擺脫「任意」的要素，並且與「法則」結合。簡單說來，「遵從自己規定的法則，即是自由」。德國哲學家康德承認：是盧梭的作品使他變成更有人情味的人。他的書房掛著一張盧梭的畫像，而盧梭只比他大了十二歲。

18

經驗主義集大成者

休謨

David Hume

1711-1776A.D.

蘇格蘭愛丁堡人，從小熱愛文學與哲學，二十八歲時在留居法國的期間寫成了《人性論》，以為會受到世人肯定，卻被冷淡以對。作為一個哲學家，他其實最先是以歷史學家的身分聞名於世，從一七五四至一七六二年，休謨陸續撰寫和出版六卷《英國史》，在當時成為英國歷史學界的基礎著作。他後來成為著名的懷疑主義者和無神論者，其著作《自然宗教對話錄》在他死後才出版。哲學上他受到經驗主義者洛克和貝克萊的深刻影響，也吸收了英國知識分子的其他理論。

相貌平凡

人的思想與其外表沒有什麼關聯。思想深刻、文筆犀利的學者應該像是仙風道骨的世外高人嗎？英國哲學家休謨顛覆了這種想法。別人怎麼描述他呢？

「休謨的外觀是對相術的嘲諷。再怎麼精通相術的人也無法從他的臉部特徵發現任何有關他卓越思想的蛛絲馬跡。他的臉頰寬大，配上一張大嘴，看起來憨厚。他眼神空洞，讓人瞥見他那肥胖的身軀時，會以為自己看到的是嗜吃甲魚的市府參事，而不是素養深厚的哲學家。智慧從未以如此奇特怪異的外貌裝扮過自己。」

休謨從小熱愛文學與哲學，在留居法國期間寫成了《人性論》。他時年二十八歲，以為這本書會得到全世界的肯定，但事與願違，幾乎沒有人理他。他說：「我能想像自己是個古怪而笨拙的怪物，牠不適合與人群共同生活。牠被排除在所有的人際往來之外，處於完全的孤獨與絕望。我是所有形上學家、邏輯學家、數學家的敵人，甚至連神學家都詛咒我。」

後來他成為知名的懷疑論者與無神論者，在申請愛丁堡大學的教職失敗之後，抽空撰寫了《自然宗教對話錄》，但為了避免引起新的反感，這本書在他死後才出版。

自我消失

休謨接過洛克與貝克萊的火炬，成為英倫經驗主義的集大成者。在洛克筆下，人只能假定有個外在世界，然後靠著人的感知能力來重構所謂的知識。在貝克萊看來，外在世界只是人所感知到的主觀觀念而已。到了休謨手上，連人的自我也成了問題。

他說：「自我只是一束知覺。」所謂自我，乃是人的若干印象與觀念「被假定為」擁有一個所指涉的東西。當人們說「自我」時，總是離不開某種特定的經驗狀態。譬如，「我在聽，我在說，我在感覺冷熱，我在懷疑某物」，若把這些「聽、說、感覺冷熱、懷疑某物」全部去掉，試問：有一個「純粹自我」嗎？因此，一捆稻草是由一根根稻草合成的，如果離開這一根根稻草，並沒有所謂的「一捆稻草」存在。

休謨說：「我永遠沒有在不帶有一個知覺的任何時刻中，捕捉到我自己；而且除了知覺之外，我永遠不可能觀察到任何東西。」如果沒有自我，人生又是怎麼回事？休謨強調：人的常識與習慣使人虛構出一個具有「人格同一性」的自我。大家習以為常，就這麼度過生命的每一天。休謨的懷疑論受到許多人質疑與厭惡，似乎不是沒有理由的。

自然宗教

休謨寫過一本《自然宗教對話錄》，探討傳統哲學所關注的上帝存在問題。為了證明上帝存在，許多學者認同「設計論證」，就是由宇宙按一定軌道而運行所顯示的井然有序，來證明上帝是一位超凡的工匠。

休謨無法苟同，他的批判可謂擲地有聲。他指出：任何現存的所謂秩序，在漫長的時間過程中總會形成某種合理的外觀，否則早就因為矛盾衝突而毀滅了。譬如，圍繞太陽有九大行星（今日已知有十大行星），說不定以前有一百個行星，後來凡是不合乎今日軌道的都一一毀滅消失了。我們現在看到這些剩下的行星，就歌頌上帝的偉大設計，那不是一廂情願或自作多情嗎？

休謨甚至認為「因果性」也不存在。由於一因生多果，一果由多因所生，所以因與果並無一一對應的關係。所謂因果性，只存在於人的觀念中，是由習慣（感受加上記憶）所造成的觀念。這種習慣形成人的性向，建立一種根深蒂固的信念。我們認為日夜輪替、四季運行是客觀的知識，但這些都是對「自然齊一性」的信念。

在休謨看來，人們依習俗與信念而生活。這種觀點讓人無法樂觀，甚至要快樂也不大容易了。

幽默心情

經驗主義者不喜歡幻想，但在面對現實生活時也要想辦法自得其樂。休謨談到行善的問題，他說：「人們行善並不是為了別人的稱讚，但是也不會拒絕這樣的稱讚。」如果有人宣稱人性高尚，要為了善而行善，休謨會認為陳義過高。

他重視社會生活。有人問他在巴黎的生活情況，他說：「我只能說，我吃的是美味佳餚，喝的是瓊漿玉液，吸的是仙香聖煙，漫步於芬芳花叢中。」人們常在歌劇院中看到他那龐大身軀自在地周旋於年輕仕女微笑的臉頰之間。他知道自己的處境，他說：「我看起來像是這樣的一個人，在擱淺於沙灘之後，在狹長的海峽中艱苦地逃離了一場船難，這時還抱持勇敢與冷靜，駕駛這艘被風浪損壞而漏水的船出海，在如此不利的情況下還想繞過陸地航行。」

康德承認是休謨使他從獨斷論的迷夢中驚醒，但是對休謨的破船航行理論有些意見，他說：「休謨為了安全起見，讓他的船留在沙灘上，但那艘船卻可能因為橫放在沙灘上而腐壞。」所謂沙灘，是指休謨的懷疑論。理性主義走向獨斷論，經驗主義走向懷疑論，哲學界正在尋找新的出路。

19

批判主義的奠基者

康德

Immanuel Kant

1724-1804A.D.

生於德國柯尼斯堡，全家都是基督教虔信派教徒，因此他很重視此派強調的道德修養。讀完柯尼斯堡大學後曾擔任私人教師，後來取得博士學位就返回母校講授自然地理學、數學、物理、倫理學、修辭學、邏輯、形上學等學科，一生都沒有離開過家鄉。一七七〇年之前主要研究自然科學，之後重心轉到哲學，出版了一系列重要的著作:《純粹理性批判》、《實踐理性批判》、《判斷力批判》等，這三本書分別探討知識論、倫理學及美學，為當時的哲學思想掀起一場革命。他試圖調和理性主義和經驗主義在知識論上的論點，提出了批判主義的哲學。

知識來源

如果選擇兩位西方哲學家作為代表人物，則柏拉圖與康德將脫穎而出。柏拉圖是希臘哲學的典範，康德是近代哲學的標竿。他們兩人的共同之處是：都活了八十歲，並且一生未婚。至於哲學上的成就則相互輝映。

在康德之前，有理性主義與經驗主義。這兩派哲學在有關知識起源的問題上各執一端。理性主義肯定人有「先天本具的觀念」，因為唯有如此才可保障知識的普遍性。所謂先天，是指不受後天的經驗所干擾，因為一涉及經驗就只能借助於歸納法，而歸納是無法獲得知識的普遍性的。但是，這種觀點推演到最後，很可能偏向獨斷論，就是不經證明就接受許多先天觀念，如萊布尼茲的單子論即為一例。

另一方面，經驗主義主張心靈有如白板，一切知識皆來自經驗中的印象，再抽象成為觀念。這樣的知識雖不具備普遍性，但可助人了解現實世界的一般狀況，依然有其實用價值。問題是：經驗畢竟是局限的與相對的，演變到最後可能淪於懷疑論，一如休謨之所說。

康德知道上述兩派各有利弊，於是提出新的思考模式，要先釐清「人能夠認識什麼」？若不先探討人的認知能力，一切都是空談。

道德的契機

在探討「人能夠知道什麼？」這個問題時，康德發現人所能知道的只是「現象」。現象的底下是「本體」。由於人在認識時無法脫離感官功能，而感官有自己的一套格式。譬如，我們看到方形的桌子，而狗看到的可能是另一種形狀。我們無從得知桌子「本身」的形狀。因此，桌子的本體「不可知」。

康德由此推論：「自我、世界、上帝」這三者的本體皆為不可知。請注意，不可知並不等於不存在。如果這三種本體不可知，人要如何安排自己的生活？康德於是轉而探討第二個問題：「人應該做什麼？」所謂「應該」，是就道德上的經驗而言，如「你應該孝順」。所有的人都有過「道德經驗」（譬如，對過去的某種行為感到「後悔」），因此這種道德經驗是普遍存在的。

接著要問：道德經驗「如何」可能？首先，人必須是自由的，而自由預設了一個自我。其次，自由意味著要為行為後果負責，亦即善惡皆有報應。但真正圓滿的報應並未見於此世，所以人的靈魂必須不死，以接受適當報應。然後上帝必須存在，以執行這樣的報應。如此一來，康德由道德經驗而預設了自我的自由、靈魂不死，以及上帝存在。

一絲不苟

康德一生不曾離開家鄉科尼斯堡。他每天清晨五點起床，晚上十點就寢。上午的時間用來念書、寫作或上課，下午則與朋友聚會、用餐與聊天。他每天下午都去格林的家，約集二三好友坐在椅上打瞌睡、沉思或聊天，直到七點才循原路回家。他每天走的那條路，後來被定名為「哲學家之路」。

這樣的聚會總是在七點準時結束，以致街上的居民常說：「應該還不到七點吧！因為康德教授好像還沒有經過這兒。」他周遭的事物都有精確的秩序。只要一把剪刀被移動了位置，或者一把椅子被移到另一個角落，他就會陷入焦慮不安與絕望中。他的傳記作者說：「這個世界上似乎沒有任何東西能夠讓他偏離他的生活準則。」

有一次，鄰居的一隻公雞不時發出噪音，康德出錢向鄰居購買這隻公雞但遭到拒絕，於是他只好搬家。他的新居位於市立監獄附近，但是監獄的感化政策是讓犯人高聲唱聖歌，康德為此向市長抱怨不已。

他飲食極有節制，萬一生病就設法用意念來克服。不論醫生如何囑咐，他也不會一天服用兩顆以上的藥丸。當他生活穩定之後也曾考慮結婚，一次是開口之前女生搬走了，一次則是開口太晚而女生嫁人了。

如何談愛

在康德看來，法國哲學家盧梭是無神論者，但是後者的熱情本性使康德眼界大開。少了這樣的熱情，人性不是過於枯燥冷酷嗎？康德四十歲時寫下一段話，他說：「我天生就是一個追求真理的人，我感到對知識的熱切渴望……有一段時期，我認為只有這種知識與渴望才是人的榮耀所在，我卑視一般無知的人。但是盧梭更正了我。這種盲目的偏見消失了。我懂得了尊重人性。我認為人性足以使所有的人具有生命價值，足以確立他們作為人的權利。如果我不能持著這種觀點，我就認為自己連一般的工人也不如。」

康德每天下午準時出門散步，但是在收到盧梭的《愛彌兒》的那一天，他暫停這個習慣，一口氣讀完這本書。這是他一生中唯一的破例做法。康德急於知道一位無神論者如何談論「愛」。

康德分析盧梭的性格，稱之為「憂鬱型」。這種人「很少在意別人的評論……他尊敬自己，並認為人是值得敬重的生物。他不肯卑躬屈膝，而要呼吸自由的高貴空氣……他對自己是嚴厲的裁判者，對世界亦然」。這種生動的觀點使康德的哲學增添了不少魅力。

無上命令

康德說：「那最神聖恆久而又日新月異的，那最使我們感到驚奇和震撼的兩件東西是：天上的星空，與我們心中的道德律。」

天上的星空代表自然界，心中的道德律則是人所專有的自由界。道德要求我們行善避惡，但什麼是善？世間所謂的善皆為相對而有條件的，如財富、才華、性格優點，但這些都可以用於惡的目的，而不是本身即為善的。唯一的、無條件的、在其自身可以稱為善的，只有「善的意志」，也即是「出於義務」而做的行動。

「出於義務」是出於尊敬道德律而行動。道德律來自理性，是普遍的無上命令。人有理性，理性使人不能僅僅成為手段或工具。康德說：「你當如此行動，要把人性在任何情況下，都要同時視之為目的而絕不僅僅視之為工具來使用。」譬如我搭計程車時，不能僅僅把司機當成工具而同時也要把他當成目的來尊重。

「你當如此行動，使你的意志透過其標準，同時把自己視為能普遍地立法。」簡單說來，這就是把人人看成與自己平等而予以尊重。唯有如此，人的社會才可能達成真正的和諧與和平。

美是什麼

康德哲學體大思精，含括了所有重要課題。那麼，他如何談論「美」呢？「美學」

一詞在希臘文中與「感覺」的字源相同。美不能離開人的主觀感覺。那麼，審美判斷如何可能？

若想在主觀中超越主觀，只有一個辦法，就是保持「無私趣」（與個人沒有任何利害關係）的態度。所謂無私趣，是指不涉及個人的欲望，甚至不關心對象是否存在。既然無私趣，就可能成為普遍的。美「不需要任何概念，卻普遍讓人愉悅」。

此外，美不涉及任何目的，但又合乎目的性。譬如，我在欣賞一朵玫瑰花時，心中沒有任何目的（既不想占有它，也不想知道它的品種或價格），但是又覺得這朵玫瑰花的形式體現了「花」之為花的完美的目的。如果別人不同意我的判斷，我也無法用概念或理論去證明自己的觀點，而只能邀請別人再看一次或再感受一下。因此，美是不具概念但卻被辨認為必然的滿意的對象。

康德還說：「美是道德善的象徵。」美屬於自然界，善屬於自由界。在美之中，自然與自由可以融合為一。這種見解既新穎又深刻，值得仔細琢磨。

宗教新解

康德由於在著作中批判《聖經》中的神學教義而受到官方警告。他拒絕收回他的見解，但答應不在公開場合（包括演講與著作）中引申其說。他是基督教虔信派的信徒，但平常很少參加教堂的儀式活動。他對道德的熱衷顯然多於對宗教的虔敬。

他的宗教觀離不開他的道德觀。他認為，道德法則引導人走向宗教，亦即要辨認一切義務都是上帝的命令，因為只有源於一位全善而全能的上帝，並與祂保持和諧關係，人類才有希望獲得至善（亦即德福一致）。至善要求自然秩序與道德秩序的配合，所以必然導致宗教信仰。除了遵行道德的生活方式以外，人沒有其他途徑可以取悅上帝。

西方經過一千多年中世紀的薰陶，使得大多數人都相信「宗教是道德的基礎」。一個人若是沒有宗教信仰，他憑什麼又為什麼要遵守道德上的戒律？康德現在扭轉乾坤，指出宗教不離道德，甚至要以道德作為宗教的基礎，使人的善行與上帝所定的普遍法則相結合。

康德哲學在西方的影響力太大了。繞過康德不談，不可能提出好的哲學觀點。只有通過康德，辨明他的基本主張，哲學才有希望繼續向前推展。

20

奠定唯心論之人

費希特

Johann Gottlieb Fichte

1762-1814A.D.

德國哲學家，是康德之後的德國唯心論的主要奠基者之一，與謝林、黑格爾同為唯心論的代表人物，費希特主張主觀唯心論，謝林和黑格爾則分別提出客觀唯心論和絕對唯心論。他的政治哲學激發了德國國家主義，被一些人認為是德國國家主義之父。

思想的天空

費希特出身貧窮家庭，從小失學，為人放牧鵝群，但是他有超強的記憶力。某個星期天中午，田莊地主因為錯過教會的布道而極為苦惱，別人安慰他說：「有個牧童，名叫費希特，他能把布道內容逐字逐句地複誦一遍。」

年幼的費希特被帶到莊主面前，把神父的布道過程，包括字句、腔調與表情，完美重現一次。莊主在欣喜之餘，決定出錢讓他接受教育。他從耶拿大學畢業之後，擔任家庭教師維生。一個大學生請他講解康德哲學，他因而得以細讀當時最偉大的德國哲學家的作品。

他說：「我一頭栽入了康德哲學，它既令人興奮，又讓人頭痛。我在其中發現一種可以充實內心與頭腦的活動，我狂熱向外伸張的心靈沉靜了下來，這是我經歷過最快樂的日子。儘管我的生活一天比一天困窘，但是在那段時間裡，或許我是全世界最快樂的人之一。」

他後來成名，由於歌德的大力推薦而擔任耶拿大學教授。他在拿破崙占領柏林期間，公開發表十四篇《告德意志國民書》，鼓勵國人恢復自信。其中有一句話是：「上帝把陸地給了法國，把海洋給了英國，但是把思想的天空給了德國。」他說得沒錯，德國哲學家從此成為西方思想史上的主導力量。

借錢問題

費希特存了一筆錢，前往科尼斯堡拜訪他所敬重的康德。但是康德嚴守規律的生活，對他的態度十分保留。費希特錢用完了，開口向康德借貸。康德進行如下一番思考。

「你來旁聽我的課。如果我今天借錢給你，那麼以後你每次借錢我都必須借。如果我借錢給你，那麼每個聽課的人向我借錢我都必須借。不然便不符合道德上的普遍性的要求。其次，我知道你很窮，我借你錢而你答應還我，最後將使你成為不守信的人。為了避免你違犯道德上的錯誤，我最好還是不借你錢。」

康德想到一個辦法，他推薦費希特出版一本書，讓出版社來付版稅。康德的名著都有「批判」一詞，如《純粹理性批判》、《實踐理性批判》、《判斷力批判》。費希特的新書是《對一切啟示的批判》，但是出版社在初版時漏印了作者大名。全德國的讀者都以為那也是康德的大作，對它大加推崇。等到發現真相，已經來不及了，費希特一夕成名，成為繼康德之後的著名哲學家。

康德之後，德國唯心論登場，三位代表人物是：費希特（主觀唯心論）、謝林（客觀唯心論）、黑格爾（絕對唯心論）。上帝真的把思想的天空給了德國。

純粹自我

康德探討人的認知能力時，強調「自我是不可知的」。費希特不以為然，他指出：人對純粹自我有一種「知性直觀」，因為沒有自我就沒有所謂的人生。

人的本性是道德本性，「當你想你自己是自由的，你就不得不想你的自由是服從於某種規則的；當你想這種規則時，你就不得不想你自己是自由的。」他以良心來說明。所謂良心，是你對自己確定的義務之直接意識。良心本身不可能錯誤，但可能被蒙蔽，甚至會消失。

所謂教育：「就是要培養人的自我決定能力，而非為了適應傳統社會。教育首先甚至不是為了傳授知識與技能，而是要去喚醒學生的力量。」「教育的本質即是道德心。」

有些話說得真好：「以溫柔對待倔強，以熱情對待冷酷，以寬厚對待刻薄，以博愛對待厭世。」但是費希特在堅持自己的觀點時，卻不在乎引發爭議。他在耶拿大學與偏激的學生社團對抗，他說：「一個教授的窗戶經常被打破，正是對該教授的正直守分最尊崇的證明。」

他一度被質疑為無神論者，甚至可能被逐出柏林。普魯士國王宣布：「如果費希特與親愛的上帝有任何糾紛，親愛的上帝會和他一起解決，這與我完全無關。」

21

自然哲學的支持者

謝林

Friedrich Wilhelm Joseph von Schelling

1775-1854A.D.

德國哲學家。十五歲即入杜賓根大學學習哲學和神學，與黑格爾、賀德齡等人為友。青年時深受康德和費希特的思想影響，二十三歲就受聘為耶拿大學教授，教授自然哲學和先驗哲學。他撰寫的《對人類自由本質的研究》，遭到黑格爾貶低，卻獲海德格的高度評價，將他視為德國唯心論的頂峰，而非黑格爾。其自然哲學關注客觀自然的重要性，但常被批評為缺乏條理和實證。

少年天才

謝林是牧師之子，十五歲入杜賓根大學，與黑格爾、賀德齡等人為友。早期接受費希特的思想，但不贊成費希特「以自然界為道德行動的工具」。他肯定自然界為絕對者（又名上帝）的直接顯示，形成動態的目的論系統，朝向「意識」的出現。然後自然界通過人而認識自己。以上是謝林二十歲時的思想。

他二十三歲出任耶拿大學教授，著作得到歌德與費希特的稱讚。他是英才早發的典型，中間因為黑格爾的崛起而暗淡，晚年擔任柏林大學教授，聽眾中有齊克果、布克哈特、恩格斯與巴枯寧等人。

他認為，一切哲學的主要工作都在於解決「世界的存在」這個問題。換言之，就是要回答：「為何是有而不是無？」他專心探究自然界，所以有客觀唯心論之稱。

歌德說：「謝林的思想即使在極度的深邃中，仍然是令人愉悅地清晰明朗。」我們引述幾句話來說明謝林的基本觀點：「自然界是可見的精神，精神是不可見的自然界。」「人對自然界的知識，即是自然界對它自己的知識；睡著的精神變為清醒的精神。」這些語句所隱含的是：整個存在界是一個完整的生命。

美與真

謝林重視自然界，隨之也強調藝術哲學。他說：「客觀世界只是精神之最初的、尚無意識的詩。」哲學的基石是藝術哲學。這是因為美感直觀顯示了「無意識與意識，實在與觀念」之統一。人在觀看藝術作品時，心靈享有一種終極目的性的感受，覺得根本問題被解決了。藝術作品是無限絕對者之有限的顯示，美與真在根本上是一體的。

從宗教的角度看來，絕對者即是上帝（神）。但謝林不是泛神論（世界等於神），也不是無世界論（只有神存在）。神是自我啟示的生命，與萬物仍有區別。人有位格，但位格是要人去贏得的。「一切誕生，皆是由黑暗到光明的誕生。」這些都是深奧的思想，也只有在西方哲學的脈絡中才可能說得清楚。

他在八十歲去世時，一位皇室朋友在他的墓碑上刻著一句話：「德意志第一位思想家。」普魯士國王說他是「上帝所揀選，並且被召喚為時代導師的思想家」。但是，他最尖刻的對手叔本華則直指他的思想是「偽哲學」。唯物論者費爾巴哈對他的批評則是「邪惡心靈的哲學」。

哲學家「黨同伐異」的性格也許是出於求真的執著，但實在太缺乏審美的趣味了。

22

完成絕對唯心論系統者

黑格爾

Georg Wilhelm Friedrich Hegel

1770-1831A.D.

德國斯圖加特人。念杜賓根大學時與賀德齡、謝林成為同窗好友，取得母校的博士學位後，一八〇一年在耶拿大學哲學系教書。出版第一部著作《精神現象學》讓他聲名大噪，但也因此與謝林不再往來。在世時出版的作品尚有《邏輯學》、《哲學科學百科全書》等，成為多所大學的教科書。他認為絕對精神是宇宙萬物的本源，是「絕對唯心論」的代表人物。

大器晚成

黑格爾年輕時並不出色，小他五歲的謝林在二十三歲就受聘為教授，他自己到了四十六歲也終於當了教授。他念大學時，就開始崇拜康德，後來自己成為柏林大學的名教授，享譽整個知識界，甚至在有生之年他的哲學就成為普魯士的國家支柱。

相對於法國的發展，普魯士（後來的德國）是落後的。每年的法國大革命紀念日，黑格爾都會獨自安靜地享受一瓶紅酒以示慶賀。黑格爾在耶拿大學教書時，正逢拿破崙入侵普魯士。他看到拿破崙的馬上英姿，想像那是「世界心靈」在奔馳。

所謂「世界心靈」，是把人類歷史理解為朝向神明所設定的目的前進，因此世界宛如有個心靈在駕馭它，由此展現歷史上的重大事件。拿破崙誠然建構了一段歷史，但結局顯然是不完美的，並且對於在戰爭過程中受到傷害的人而言，更是情何以堪。

黑格爾若有所悟，他說：「人類從歷史所學到的唯一教訓，就是他們沒有從歷史學到任何教訓。」既然如此，歷史還能說是有任何目的的嗎？人類一再重複的錯誤，能使歷史顯示任何進展嗎？

教授之爭

所謂「瑜亮情結」，在黑格爾身上似乎特別明顯。他念大學時，遇上小他五歲的神童謝林，兩人曾經志同道合，但後來黑格爾的表現日益突出，謝林無法接受這種新的情況，彼此也就不再往來了。

黑格爾的口才並不傑出，但上課時態度極為嚴肅，他認真翻閱筆記，努力講出每一句話，表現得真誠而樸實，使學問的力量感染了每一位聽眾。他的教室向來座無虛席。相對於此，年齡較輕的叔本華既無法苟同黑格爾的唯心論思想，又討厭他的行事風格，於是想要與黑格爾一爭高下。他故意選擇了與黑格爾在同一時間開課，但最後遭到慘敗，他的教室中沒有一個學生。

黑格爾的脾氣並不總是溫和謙讓的。他遇到自己認為應該生氣的事時，也會暴跳如雷。施萊爾馬赫是一位著名的神學教授，他與黑格爾同事過一段時間，兩人各有觀點。據說他們二人有一次在校園內討論一篇博士論文時，因意見不同而大聲爭吵，最後還持刀相向。為了公開否認上述謠言，他們不得不一起到露天遊樂場去溜滑梯。

黑格爾的哲學立場是「絕對唯心論」，形成一個彌天蓋地的系統。你只有兩個選擇：或是在外邊批評他，或是進入迷宮一探究竟。

絕對唯心論

看到「絕對唯心論」一詞，許多人會覺得頭昏，不知道這個哲學家在想什麼。我們先介紹「心」這個字。心是指心靈、意識、思想、精神。與心相對的是身與物。以人來說，心是主導力量；以宇宙萬物來說，人的心靈是其中醒悟的知覺主體。「絕對」一詞指的是像神一樣的主宰者。為了明白絕對唯心論，最好參考黑格爾的一段話。

黑格爾說：「絕對者即是精神，這乃是絕對者的最高定義。發現這個定義，並理解這個定義的意義與內容，可以說，曾是一切教化與哲學的絕對目標，一切宗教與科學都曾渴望達到這一點；只有從這種渴望出發，世界史才可以被理解。」

他的意思是：一、宇宙萬物其實是一個整體，其本質即是精神；所有的一切都是精神之展現。二、人類的文明只有一個目標，就是要發現：精神力量貫穿在一切現象之中；宗教是如此，科學也是如此。譬如，科學家的研究也是為了證實：萬物都有精神

（或神）的力量在運作。三、世界歷史的演變不是莫名其妙的，而是朝著這個絕對精神不斷前進。

這樣的學說讓人比較容易接受宗教信仰與現實生活中的不幸事件。但是這聽起來更像是個人信念而不是有效的學說。

實在與合理

按照黑格爾的說法，如果萬物的演變都是「精神」在展現自己，那麼世間就沒有任何事情是偶然的、突變的或不合理的。他說：「凡是合理的都是實在的，凡是實在的都是合理的。」

所謂合理的，是指可以理解而言，譬如：任何事情的發生都有其原因。只要「不矛盾」，就是合理的。以前的人沒有電話、電視、電腦、手機，後來一一發明，使它們成為「實在的」東西。發明之前所需要的是創意，創意源自無邊無際的想像力。但不論再怎麼樣想像，都不可能不合理，就是不合邏輯或自相矛盾。

其次，一切「實在的」事物或事件，只要真正出現了或發生了，就表示它們一定是合理的，必定有其存在的理由。於是，像地震、海嘯等天災，以及戰爭、打鬥等人禍，都可以找出合理的解釋。再引一句俗話來說：「可憐之人必有可恨之處。」一個人受欺負，除了要怪別人，難道不應檢討自己是否也有些缺點？如過度容忍或個性懦弱？

不過，黑格爾這種觀點很容易成為壞人做惡事的藉口，他們總是先下手為強，造成事實再來善後，或者再想辦法找藉口。我這樣批評黑格爾，他大概也只能承認「這是合理的」。

省思人生

西方近代哲學，上自笛卡兒，下迄黑格爾。黑格爾自認為是集大成者，但是他死了之後哲學界再度陷入分崩離析的局面。哲學家似乎在本質上就不可能定於一尊。不過，哲學家在面對人生時，所做的省思往往比較深刻而值得參考。

黑格爾說：「人應尊敬自己，並肯定自己配得上最高尚的東西。」他推崇音樂的價值，他說：「不愛音樂，不配做人。就算愛音樂，也只能算是半個人。只有對音樂傾倒的人，才可完全稱為人。」

人不是生而完美的，他說：「人們以為當他們說人性本善時說出了一種偉大的思想，但他們忘記了，當他們說人性本惡時說出了一種更偉大的思想。」西方學者從小生活在基督宗教的氛圍中，對「原罪」早有認識，黑格爾這麼說並不使人訝異。那麼，這樣的人類需要什麼？

他說：「精神的本質就是自由。」又說：「紀律是自由的第一條件。」比較完整的建議是：「一個志在有大成就的人，必須如歌德所說，知道限制自己。反之，什麼事都想做的人，其實什麼事都做不成而終將歸於失敗。」

最後，「無知者是不自由的，因為和他對立的是一個陌生的世界。」

23

悲觀哲學家

叔本華

Arthur Schopenhauer

1788-1860A.D.

生於德國富商家庭，早年在英國、法國接受教育，就讀哥廷根大學的期間，從醫學轉讀哲學，後來取得博士學位，任教於柏林大學。他的主張是唯意志論和悲觀主義，《作為意志和表象的世界》為其代表作，認為受意志支配會帶來虛無和痛苦，有「悲觀哲學家」的外號。

最差的世界

萊布尼茲認為：這個世界是所有可能的世界中，最好的世界。叔本華對此大唱反調，宣稱這是個最差的世界。他為何這麼悲觀呢？

叔本華自稱「憤世嫉俗者」、「藐視人類者」；他在大學教書，但沒有人在乎他，能與他相處的只有一條忠實的捲毛狗。他的學說獨樹一幟。他對此充滿自信，他宣稱：「時候將會來到，有一天誰要是不知道我對某些事物的看法，就會顯得愚昧無知。」

他認為：「人就像寒冬裡的刺蝟，互相靠得太近，會覺得刺痛；彼此離得太遠，又會感覺寒冷；人必須保持適當的距離。」

人生是很可憐的。「通常所見，快樂常不是我們所希望的快樂，而痛苦則遠遠超過我們所預計的痛苦。」就算一個人成功了，也別高興，因為「財富就像海水，飲得越多，渴得越厲害；名聲實際上也是如此」。簡單說出其中的道理，就是：「人生如鐘擺，來回擺盪於痛苦與無聊之間。」

欲望未能滿足，人覺得痛苦；欲望一旦滿足，人又覺得無聊。人的本質即是意志，永遠在發出「我要」的欲望。

自殺問題

叔本華的外號是「悲觀哲學家」，如果從他的話來判斷，會覺得人生不但沒有希望，甚至充滿了痛苦與折磨。他為何會這麼想？

叔本華認為：人的本質不是理性，而是意志。整個世界也是一個大的意志。所謂意志，就是表現出「我要」的力量。人人如此，世間豈不是你爭我奪的戰場？他說過一句常受誤解的話：「道德是指我對別人的慈善，但我的本質即是意志，總是與別人爭鬥；因此最高的道德即是自殺，自殺使我不再與人衝突。」然而，說這句話的叔本華自己並沒有自殺。

他另外想出兩個解決辦法。一是美感默觀，就是對周遭事物採取「無關心（無私趣）的旁觀者」立場，由此暫時使自己擺脫受意志及欲望所奴役的狀態。二是禁欲苦修，因為人的心中有一頭野獸，「牠正等待機會狂暴咆哮來傷害別人；若是未受阻止，就會毀滅別人」。這頭野獸是人類求生意志的直接表現，因此要禁欲苦修以求自我否定。

「我們的世界以及一切恆星與銀河都是空虛無物。」人生唯有一條出路，就是在發現此一真理時，對別人表示同情，再推至「無關心的愛」。面對共同命運，人還能怎麼辦？

24

唯物論的啟蒙導師

費爾巴哈

Ludwig Andreas Feuerbach

1804-1872A.D.

德國哲學家，早年在海德堡大學學習神學，後來到柏林跟隨黑格爾學習哲學。一八三四年他發表了《黑格爾哲學的批判》，分析批判黑格爾的唯心論，由此成為知名的唯物論者。他強調人本主義，以人類學取代神學，認為既然沒有神，就要追求人與人之間的合一。其思想對馬克思有很大的影響，但馬克思也批判了他的唯物論。

神的由來

費爾巴哈是近代著名的唯物論者，他年輕時聽過黑格爾的演講，但印象不深，他後來批判黑格爾的思想，並且把唯心論翻個身，提出一套唯物論。他的想法十分極端，譬如，西方人受基督宗教影響，長期以來一直相信「上帝造人」，但是費爾巴哈說：「是人造了上帝。」他要以人類學取代神學。人的本質擁有「理性、意志、情感」三種能力。當這三者被設想為「未受限制的」完美狀態時，就產生了「神」的概念。換言之，人把自己的本質提升到無限，再投射出去，形成了一神論的神。神的本質即是人的本質。

他繼續推論：「人類必須放棄基督宗教，才會成為人類。」他期許的目標是：「無信仰取代了信仰，理性取代了《聖經》，政治取代了宗教與教會，俗世取代了天堂，工作取代了禱告，物質的困窘取代了地獄，人類取代了基督徒。」

那麼，人類的未來何在？既然沒有神，人就只能追求人與人之間的合一，也即是愛。不僅如此，政治必須成為人類的宗教，藉由政治可以達成理想的世界。但是這如何可能？他在晚年時說：「我們所有的社會關係，都在那些樸實規矩的外在假象中沉淪墮落了。」那麼，何必奢談希望？

25

共產主義的精神領袖

馬克思

Karl Heinrich Marx

1818-1883A.D.

猶太裔德國人。他曾在柏林參與青年黑格爾派成員組成的團體「博士俱樂部」，一八四二年成為左派刊物《萊茵河時報》的主編，發表對社會、經濟和政治的看法，不久就被查禁，後來更因參與社會主義的政治活動而開始流亡生活。著有《資本論》、《共產黨宣言》等重要作品，他的無產階級思想，使他成為近代共產主義的精神領袖。

自由的人

馬克思年輕時認為自己是個天生的詩人，他也確實寫過一些詩作，從詩作的名稱看來可謂富於幻想，如：《仙女之歌》、《精靈之歌》、《女妖之歌》、《命運的悲劇》等。這些詩句的背景得自神話故事的啟發，反映了年輕人嚮往某種理想的心境。

也有一些詩句頗為悲觀，如「世人哀泣著自己的輓歌，我們是冷酷上帝的猴子」。馬克思是猶太人，但他的父親改信基督新教，他也於六歲時受洗成為基督徒。高中畢業時他寫的論文是《信徒與基督的結合》。上了大學之後，他從法律系轉到哲學系，並且成為無神論者。然後，他二十三歲就由耶拿大學得到了博士學位，而他竟然不曾待過這所大學。

他參加博士俱樂部，人們稱他為「一座思想的倉庫」，不斷提出各種創新的想法。譬如，他認為：人應該享有真正的自由，可以隨心所欲做個詩人、獵人、漁夫、律師等。但是誰能想像這種自由所需要的社會是何種情況？

社會需要改造。他說：「哲學家們只是用不同的方式解釋世界，而問題在於改變世界。」他於三十歲（一八四八年）撰寫《共產黨宣言》，並且組成了共產黨。這件事對整個世界產生重大影響，直至今日。

人的特色

認真的哲學家必須思考有關人性的問題。馬克思說：「人性是人自己在歷史發展的過程之中製造出來的。」人有自我意識，當他發現世界與他對立時，就著手改造世界，進行某種生產活動，使世界成為適合人住的世界。在這個過程中他也塑造了自己的人性。

人在進行創造性或生產性的勞動時，就是在自我實現，因而也應該是自由而快樂的。但是馬克思當時所看到的社會現狀卻完全不是如此。原因是：早期工業社會中，大多數工人的勞動都出現了「異化」現象，就是他們辛苦工作的產品受到老闆過度剝削，只得到微薄工資，過著窮困的無產階級生活。這個問題在今天是否解決了呢？無產階級的理想在世間有無實現的可能呢？或者，馬克思的想法將永遠作為人類的某種嚮往而不必奢望它的落實？

馬克思肯定人的卓越性，他說：「再好的一隻蜘蛛所結的網或蜜蜂所築的蜂窩，都比不上一個最差的工人所蓋的房子。」但是，人又因分工合作而生活於某個社會階級中，甚至由其階級性來界定其人性。他說：「不是人們的意識決定人們的存在，相反的，是人們的社會存在決定人們的意識。」如此一來，保持人的完整性只不過是個空想而已。

26

浪漫主義的巨擘

歌德

Johann Wolfgang von Göthe

1749-1832A.D.

德國法蘭克福人，是浪漫主義的主要代表人物。他認為自然的力量滲透了一切事物，包括人的心靈與想像力，他希望哲學家的角色有如詩人，可以盡情發揮創意。他也是舉世聞名的文學家，著有膾炙人口的《少年維特的煩惱》、《浮士德》等書。

浪漫主義

西方十八世紀出現啟蒙運動，而十九世紀的主流則是浪漫主義。這種風潮的特色有三：

一、以豐富的生命整體來取代單調的理性分析與概念架構。自然界與精神領域是不可分割的有機體。歷史的發展不等於進步，所以要回溯傳統的民族精神及語言特色。

二、要重視人的完整性。人有理性與意志，但也有感受力與想像力。詩歌與藝術更能表達人的生命特質。席勒主張：人應該「與美遊戲」，「唯有通過審美，人才是完整的人」。

三、個人的獨特性脫穎而出。出類拔萃的天才人物受到重視，然後「個人」的內心世界值得探究。要分析情緒與動機，愛與欲，恐懼與擔心，衝突與矛盾，記憶與夢幻等，甚至要測知靈魂的深度，徹底了解人性。

歌德是浪漫主義的代表人物。他認為，自然的力量滲透了一切事物，包括人的心靈與想像力。自然界並非不同於精神，它本身就是精神。自然界不僅與人不可分離，與上帝也是不可分離的。歌德藉此統一了詩人與科學家，也反映了敏感的宗教觀點。自此以後，哲學家的角色有如詩人，可以盡情發揮創意，展現百家爭鳴的新局面。

27

精神分析學派的創始人

佛洛伊德

Sigmund Freud

1856-1939A.D.

生於奧地利佛萊堡的猶太人，後來為了躲避納粹，移居倫敦。他在取得維也納大學醫學博士學位後，在維也納的一家醫院工作，臨床經驗為他的理論奠定基礎，成為精神分析學派的創始人，被稱為「精神分析之父」。代表作為《夢的解析》，闡述人類的夢境和潛意識活動，顛覆二十世紀人類知識的發展和思考方式。後世將他的精神分析與哥白尼的地動說、達爾文的演化論，並稱為人類三大思想革命。

三大革命

佛洛伊德認為：西方世界從近代以來，經歷了三重革命，就是天文學的、生物學的，以及他所代表的心理學的。

天文學的革命以哥白尼的「地動說」為代表。原本西方人以為地球是宇宙的中心，現在覺察並非如此。地球只是大宇宙中的極為渺小的一顆行星。

生物學的革命所指的是達爾文的「演化論」。他認為：生物世界以「自然選擇」（舊譯為「物競天擇，適者生存」）與「機體突變」的方式在演化。人類也是由其他生物演化而來。他承認尚未找到人類與其他生物之間「失落的環節」，但這種假設已經震撼了「上帝造人」的傳統信仰，並且使人生的意義問題陷於極度的困惑中。

至於心理學的革命，是指佛洛伊德所提出的「深度心理學」。他由《夢的解析》測知人有潛意識，那是暗昧的渾沌之地，充滿了各種欲力、衝突與矛盾。人生的煩惱與痛苦皆可溯源於此。佛洛伊德認為，只要繼續推廣教育與科學，配合心理分析的治療方法，將可安頓人的心靈。他的想法過於單純也稍嫌樂觀。光是心理學的後續發展，就眾說紛紜爭議不斷，人類的問題也似乎日益嚴重而難解。光靠心理學顯然是不足的。

28

存在主義的先驅

齊克果

Søren Aabye Kierkegaard

1813-1855A.D.

生於丹麥哥本哈根的富裕家庭，但自小體弱多病，又被嚴厲管教，種種因素導致性格憂鬱。著有《恐懼和戰慄》、《生命途中的階段》、《對哲學片簡的非學術性的結論附筆》、《致死之疾》等書。其思想肯定個人「存在」，被視為存在主義的創立者，與叔本華、尼采並列為存在主義的先驅。

突顯存在

丹麥哲學家齊克果似乎生性憂鬱。他說：「從小我就是一個被憂鬱侵襲的人，所有的事物，從最小的蚊子到基督的降生，都讓我感到害怕。對我而言，一切都是無法解釋的，而最無法解釋的就是我自己。」

他的思慮十分深刻，常有個人的見解。他曾聽過謝林的課，也曾批評黑格爾對宇宙與歷史的觀點，認為其中忽略了人的存在，無法引發人性的熱情，他還大力抨擊丹麥的基督教，認為它已喪失了宗教精神，淪為一種文雅的人文主義。

他認真看待人的「存在」。他指出：「人最容易忘記的是自己。」他強調追求真理，「真理是一個人願意為它而活、為它而死的理念」。這種真理無異於信仰：「你怎樣信仰，你就怎樣生活。」一個人的主體意識在此擺脫了群體的壓力。

齊克果也曾流連於社交場合，並且憑他的本事贏得眾人的歡迎。但是，他知道那是自我放逐，表面越成功，內心越空洞。他從個人體驗中覺悟了什麼是「存在」，他說：「存在是選擇成為自己的可能性。」「存在」從名詞一躍而成為動詞，並且引發了二十世紀最有影響力的學派：存在主義。

人生三階段

齊克果說：「絕望是致死之疾。」他分析人生的三種絕望：不知有自我，不願有自我，不能有自我。依序仔細想想，還真有些道理。若是忽略自我，哪有什麼人生？

不過，他更廣為人知的是「人生三階段」之說。

一、感性階段：人受感覺、情緒、衝動所左右，「今朝有酒今朝醉」，只求當下滿足，不談道德要求與宗教信仰。這樣的人有如生活在地下室，不知上面還有精神層次的屋子。最後難免陷於重複而乏味的憂鬱心態中。

二、倫理階段：不再只看當下，而是聯繫過去與未來，進行人際活動，接受責任與義務。這樣的人相信自己是正義的，但忽視了人的根本軟弱。他不犯法，但又無法自覺無罪。

三、宗教階段：肯定自己與神的關係；也肯定自己是個精神體，是有限者與無限者的綜合。這時對神的信仰是一種冒險，齊克果說：「沒有冒險就沒有信仰，信仰就是：個人內心無限的激情與客觀上不確定的事物之間的矛盾。」

以上三階段之間的關係並非連續的，而是需要個人自行抉擇並勇敢「跳躍」。這種跳躍不是能量的問題，而是本質的問題。「非此即彼」、「非有即無」，誰不備感壓力？

29

超人哲學的創造者

尼采

Friedrich Wilhelm Nietzsche

1844-1900A.D.

生於德國的牧師家庭，就讀波昂大學時研究神學和古典語文，後來興趣轉移到哲學領域，在二十五歲尚未獲得博士學位時，就經由老師推薦受聘為瑞士巴塞爾大學的古典哲學教師，直至三十五歲因病離職。從小健康不佳又深受精神疾病的困擾，四十五歲時精神崩潰。他以「上帝已死」和「超人」的觀點，來闡述並回答大地上的萬物與人類存在的問題。代表作為《查拉圖斯特拉如是說》、《人性的，太人性的》、《論道德的系譜》等。

小牧師

談到尼采，人們會想起他說過「上帝死了」，但是從他的家庭背景看來，這種印象並不協調。

尼采出生於德國基督教（路德教派）的牧師家庭。他的曾祖父、祖父、外祖父、父親皆為牧師。他童年時就因為這樣的背景而對教會事務十分熟悉。根據報導，尼采「能以讓大家感動得哭出來的表達方式，背誦出《聖經》的箴言與聖詠」，他的綽號是「小牧師」。

他應該是個天才。十歲時就為一首讚美詩譜曲，十四歲開始寫自傳。中學的作文與音樂成績優異，但這時他逐漸與宗教信仰疏遠。念大學時深受叔本華的悲觀論所吸引。他說：「我在書中看到了疾病與復原，放逐與避難所，地獄與天堂。對於自我認識，也就是自我破壞的需求，強烈地感動著我。」

他念大學時的強項是古典語文。他在二十五歲尚未獲得博士學位，就由老師的推薦而受聘為巴塞爾大學教師。他由於健康不佳與憂鬱症的困擾，三十五歲就卸下教職，過著近似流浪的生活。四十五歲時精神崩潰，五十六歲辭世，時為一九〇〇年。去世一百多年之後還能以思想產生影響力的哲學家不多，尼采是十分耀眼的一位。

精神三變

尼采在《查拉圖斯特拉如是說》提出著名的「精神三變」之說，寓意深遠而廣為人知。

人的精神充滿變化的勢能，它首先變為駱駝，再由駱駝變為獅子，最後由獅子再變為嬰兒。

所謂駱駝，就是聽別人對你說：「你應該如何！」正如人在年輕時接受教導，要遵守規範，敬畏理想，耐心承受傳統的負擔，有如沙漠之舟駱駝一般。

其次，獅子就是你對自己說：「我要如何！」此時信仰破滅，你以自由與無畏的心態，處於虛無主義的迷惘中，要勇敢地選擇自己的未來。人從學校畢業之後，進入社會開始奮鬥，就需要這種獅子精神。

然後，嬰兒代表全新的開始，它說的很簡單，只有「我是！」二字，但此時用的

「是」是現在式，亦即每一個當下都是新的剎那。虛無主義被克服了，肯定的是生命的無辜與純潔。

尼采所謂的三變，其實反映了他自己的遭遇。他對虛無主義的感受極為強烈，因為十九世紀末期整個歐洲陷於動盪。他自認是「歐洲第一個完美的虛無主義者，在我自己身上已經完整地經歷了整個虛無主義」。

上帝已死

西方哲學界流傳一則笑話。尼采說：「上帝死了！」上帝說：「尼采瘋了！」上帝是否真正死了，我們難以考證，但尼采後來的確是發瘋了。

尼采所說的「上帝已死」，意思不在字面上，而在於他看到以基督信仰為基礎的西方文化正在土崩瓦解，所有的價值系統（如真、善、美）都漸漸失效，於是他發出深沉的呼聲，提醒人們要「重新界定價值系統」。

尼采在《歡愉的智慧》一書中，描述「上帝已死」的消息，他借一個瘋子之口說：

「我來得過早，我的時候還沒有到。這件可怕的大事還在途中，正在臨近，還沒有到達人們的耳朵，閃電及雷鳴需要時間，群星的閃亮需要時間，這些事情也需要時間。在它們發生之後，人們才看得見、聽得到。」

他認為，哲學家是文化的醫生，有能力診斷時代的病症。上帝已死與虛無主義，這兩者原是一體之兩面。現在人的責任更重了，他必須勇於冒險，尼采說：「我們要大膽前進，我們的原始力量迫使我們來到海上，到所有太陽都從那兒下沉的地方。我們知道將會有一個新的世界。」在虛無主義的彼岸，是新的人類，也就是尼采所構思的「超人」。

超人角色

心高氣傲的尼采對於現實生活中的大眾，當然有許多不滿。譬如，他的書中人物說過：「你要去女人那兒？別忘了帶鞭子！」這一類歧視女性的話在其他作家筆下也曾出現，但不會像尼采那樣引起公憤。事實上，尼采對女性有些害羞，一生戀愛多次而無結果。

更重要的是他如何看待一般的人性。他說：「人是在動物與超人之間一條緥緊的繩索，一條懸在深淵之上的繩索。」意思是：人是一個尚未完成的物種，應該接受考驗，從動物一端走向超人。

「超人」一詞的原意是「走過去的人」，表示人性必須被克服及超越，亦即人應該努力征服自我，要主宰自我的欲望，有創造力地使用人的力量。超人最偉大的創作就是他自己。由於「上帝已死」，這兒留下的空虛感只能以「我成為超人」來填補。

他還說：「超人是大地的意義。」試問：大地上的萬物與人類為何存在？都是為了讓超人出現。他暗示我們說：「超人像是帶著基督心靈的羅馬凱撒。」或者「歌德與拿破崙的合體」。這樣的標準誰能達到？但每一個人都有希望也都應該做到：要盡情發揮生命的能量。

權力意志

自從叔本華倡言人的本質是「生存意志」之後，「意志」一詞發出耀眼光芒。其實，「生存意志」在中文說來，最好改為「求生存的意志」，意即萬物（人當然在內）都在欲求「活著」，並且要活得久、活得好。

到了尼采手上，他認為生物往往冒著生命危險而採取行動，亦即否定求生存的意志。因此，應該還有一個更根本的驅力，那就是「求力量的意志」，要想盡辦法擴張自己的影響範圍。一般使用的中文譯名不太清楚，就是「權力意志」。

譬如，任何政府在編輯教科書時，都會採取對自身黨派有利的觀點，藉此影響新的一代的年輕人。換言之，知識的目的不是要知道，而是要支配。知識是力量的工具，所以沒有絕對的真理。有的只是特定觀點所作的詮釋。哲學、文學、藝術、宗教是如此，自然科學也是如此。

這似乎是無可奈何的事實。尼采由於否定上帝，所以把世界看成封閉的。在封閉的世界中，一切已經發生的事都會定期「再度發生」，這是人類必須接受的命運。有關命運，尼采倒是沒有什麼爭執，在了解一切必定如此之後，只能安靜地說：「我熱愛命運。」

30

實效主義的奠基者

威廉・詹姆士

William James

1842-1910A.D.

美國心理學家和哲學家，出生於紐約。他的弟弟亨利・詹姆士是著名的作家。一八六四年進入哈佛大學，並在一九六九年獲得醫學博士學位，但後來卻得了抑鬱症。與皮爾士一同被視為實效主義的奠基者，主張以實效決定真理。他出版的《心理學原理》，被公認為心理學界的權威著作。

激發能量

威廉・詹姆士兼具心理學家與哲學家雙重身分。他的主張是「實效主義」（舊譯「實用主義」），他的言論相對的也較符合我們的實際需求。

他說：「人們習慣上只用了自身能力的一小部分。」「與我們應有的成就相比，我們仍在半醒狀態。」既然如此，何不振作起來？他說：有些男人談戀愛容易成功，只因為他們總是樂觀地堅持：「她們一定會愛我！」人的意志本身就會促使其願望逐漸實現。

他說：「人們在夏天練習溜冰，在冬天練習游泳。」乍聽之下會覺得他說反了。但他的意思是：在潛意識中人的肢體會互相配合，使你過了一個夏天之後發現溜冰技巧更好了，而在過了一個冬天之後，游泳的技術也進步了。

他在哲學上的貢獻之一是提出「信仰的意志」之說。要不要信仰神？這本身就是每一個人自己在決定的問題。邏輯與科學幫不上忙，因為它涉及人的生命態度，無所謂誰對誰錯的判斷。重要的是：許多信徒因為信仰而活出了不凡的人生。他說：「我自己相信：神存在的證明，主要在於人的內在經驗。」缺乏體驗，根本產生不了力量。一旦體驗到了，又何必在乎別人怎麼評論？

31

現象學大師

胡塞爾

Edmund Husserl

1859-1938A.D.

奧地利籍猶太人。曾先後任教於哈勒大學、哥廷根大學、佛萊堡大學，直到一九二八年退休。在哥廷根大學教書期間，開始發展「現象學」的概念，被視為現象學的創立者，對西方哲學產生長久深遠的影響。

自由想像法

「現象學」一詞聽起來很抽象，但它卻是西方當代哲學家常用的方法。這種方法是藉由對某物各種現象的描述，設法找出某物的本質。譬如，我想把握「人」的本質，我就先描述人的各種現象，然後看看哪些條件是不可或缺的。

說得具體些，我想認清一個朋友的真相，我就設法「自由想像」，包括：他如果家裡沒錢，他還是他嗎？他如果沒念大學，如果少了某種人生觀，如果陷入人生低潮等等，在這些處境中，他還是他嗎？這種方法幫助我確定「什麼條件」屬於他的本質，一旦缺少了就不再是他了。其次，人的理解有個奇妙的過程。譬如，我在一片草原上極目張望，看到地平線上有根尖刺，我無法確定那是一座教堂的塔尖，還是一隻犀牛的角。我只好向前走近，然後會抵達一個臨界點，讓我可以肯定地說：「啊！原來是一隻犀牛。」

每個人所認識的世界都有如一個地平線，在線外還有廣闊的世界。所謂學習，就是不斷擴張自己的視野（地平線的範圍）。讓自己的視野與其他視野不斷融合，就是知識的增長。胡塞爾是這門學問的創始人，他說：「必須先對對象有所認識，然後才能認清它的本質。」從「認識」到「認清」，不正是我們求知時的願望嗎？

32

直覺生命衝力的哲學家

柏格森

Henri Bergson

1859-1941A.D.

法國籍猶太人，從中學時代就對文學和自然科學深感興趣，以文學博士學位畢業於師範大學後，被任命為法蘭西學院教授，一九二八年成為首位獲得諾貝爾文學獎的哲學家。晚年有意皈依天主教，但未受洗禮。其思想認為宇宙的本質是一個生命衝力，瀰漫於萬物之中，著有《時間與自由意志》、《物質與記憶》、《創化論》、《道德與宗教的兩個起源》等書。

生命衝力

哲學家之中，首先獲得諾貝爾文學獎的是法國的柏格森。他的世界觀認為：宇宙的本質是一個大的生命衝力，這種衝力瀰漫於萬物之中，人當然不例外。

他指出：人應該以自我生命為連續的及活動的流水。他說：「自由是人與其行動之間不可定義的關係。」人的行動是他整個人格的展示，而非受制於某種生理條件或心理因素。「我們是自己生命的工匠，也是自己生命的藝術家。」「物質有時而窮，精神愈用愈出。」「生命的本質在於創新。」

他認為，道德有兩種：一是封閉的，亦即個人服從社會所規定的義務；二是開放的，可以包容整個人類，嚮往典範人物與更高理想，使社會日益文明。

宗教也有兩種：

一是靜態的，使用神明與神話故事來禁止、威脅及懲罰所有違規的人。

二是動態的，要符合生命衝力的要求，走向愛人與愛神，顯示合一共融的氛圍。他說：「神是愛，也是吾人愛的對象。」最後目標是：「經由神、藉由神，並以神性之愛去愛全體人類。」

這樣的言論聽起來十分溫暖，也許因為太美好而讓人無法信服。然而，自古以來人生的苦樂很難脫離個人的基本觀念。柏格森的學說值得我們欣賞。

33

科學、哲學、宗教的跨界者

懷德海

Alfred North Whitehead

1861-1947A.D.

生於英國肯特郡，後來前往美國發展。任教於劍橋大學期間，與學生羅素合著三卷《數學原理》，被視為二十世紀最重要的數學邏輯作品之一。之後逐漸把注意力從數學轉向自然科學和哲學，並開始在哈佛大學教哲學。他創造的歷程哲學的思想，橫跨了科學、哲學、宗教三界，另有《科學與現代世界》、《歷程與實在》等著作。

注意歷程

面對人生，我們關心的是結果，並且以結果的成敗當成人生的判斷標準，於是錯過了沿途的風光與樂趣。當代西方哲學有一派強調「歷程即是實在」，意即：如果忽視過程中的點點滴滴，就沒有什麼其他的真實人生可言。

懷德海特別重視教育，因為那是人人必經之路，事實上，整個人生不是一連串自我教育及成長的過程嗎？他認為，我們應在小學階段培養審美觀及想像力；中學時期伏案讀書，與人合群；到了大學則要高瞻遠矚，放眼於人類、歷史、宇宙的大格局。他說：「教育就是獲得運用知識的藝術，這是一種很難傳授的藝術。」

在學術方面，他橫跨科學、哲學、宗教三界。他在《科學與現代世界》中說得好：「理智的力量是偉大的，它對人類生活具有決定性的影響。強大的征服者從亞歷山大到凱撒，從凱撒到拿破崙，對後世的生活都有深刻的影響。但是從泰勒斯到現代一系列思想家能夠移風易俗，改革思想原則。前者比起後者又顯得微不足道了。這些思想家個別看來是無能為力的，但最後卻是世界的主宰。」

且讓我們學習偉大的思想，並成為自己生命中的主宰。

34

社會問題的關注者

羅素

Bertrand Russell

1872-1970A.D.

出身英國貴族，受封為伯爵。早年研究數學，與懷德海合著的《數學原理》為其主要著作，之後轉而探究哲學。在哲學方面提出邏輯原子論，也因關注反核抗爭與和平運動等社會議題而聞名。一生著作等身，一九五〇年獲得諾貝爾文學獎。

聰明的腦袋

羅素是聲名遠播的哲學家，曾訪問過中國，並在一九五〇年得到諾貝爾文學獎。他在《自傳》中說：「三個簡單卻有力的狂熱決定了我的一生：對愛情的需求，對知識的渴望，以及對人類苦難的同情。」

這段自述符合實情。他十二歲時就歸納出一個原則：「自由的愛情是唯一的理性體系，而婚姻是基督教迷信的結果。」不過他並不討厭這種迷信，他一生結了四次婚，最後一次是在八十歲時。他活了九十八歲，是最長壽的哲學家之一。

他在中學階段就失去了對傳統形上學的信念，因為無法證明「人的自由、靈魂不死、上帝存在」。他自此成為無神論者。大學階段他由數學得到生存的力量，他說：「數學是和平的處所，如果沒有了數學，我將不知如何生活下去。」他才華洋溢又富於熱情，積極參與社會活動，成為著名的作家與和平主義者。

不過，他的哲學見解並不深刻，屬於英國經驗論加上邏輯原子論，顯示了機智而有些遊戲人間的態度。他不斷提醒世人：「要讓這個世界充滿幸福，最必要之物就是理智。」他無法想像在理智之外，人類還有什麼指望。

羅素的感言

羅素是個聰明人，懂得如何在世人之間周旋，他也頗能以此為樂。譬如，他是無神論者，但也經常討論人們關心的宗教話題。他無法相信全能與全善的上帝存在，因為世界上有罪惡與苦難。說實在的，這個理由對哲學家而言過於淺顯。

他不認同信仰，但依然認真關懷生命，也推崇精神層次的生活。他說：「如果有人要給我再活一次的機會，我將欣然接受這難得的賜予。」他也有所期盼：「在一切道德品質之中，善良的本性在世界上是最需要的。」這些話反映了他個人的信念。

他積極把握人生。「無聊，對於道德家而言是一個嚴重的問題，因為人類的罪過半數以上都是源於對它的恐懼。」羅素不會無聊，他說：「我的人生法則是：使事業成為樂趣，使樂趣成為事業。」「最好的生活是建立在創造活動的基礎上。」說得具體些：「美好的人生是由愛所喚起，並由知識所引導。」

他關心人類的未來，並提出一個倫理學訴求：「愛而不是恨，合作而不是競爭，和平而不是戰爭，這些都是值得追求的願望。」這些感言都很正確，也都有些浮泛。羅素未能對世人產生更大的影響，由此不難略知一二。

35

完美的天才

維根斯坦

Ludwig Wittgenstein

1889-1951A.D.

具有猶太血統的奧地利維也納人，曾與希特勒是同學，於納粹入侵奧地利後轉入英國籍。少年時就展現機械與物理的天賦，後來前往劍橋大學三一學院拜羅素為師，被羅素稱為「完美的天才」。第一次世界大戰開始後志願入伍，在戰場上完成《邏輯哲學論》，戰後曾任鄉村教師、園丁助手、建築師及三一學院哲學教授，後來從劍橋大學辭職，專注於思考寫作。他是分析哲學和語言哲學的主要代表人物。

生活儉樸

羅素在《西方哲學史》一書中特別推崇史賓諾莎，因為後者「生活儉樸，思想高貴」。羅素自己結識的朋友中，也有一位這樣的人，就是奧國哲學家維根斯坦」。

維根斯坦出身富裕家庭，後來念到托爾斯泰有關福音書的論述，決心過簡單的生活。他當過小學老師，傳記作者這樣描述他：「膽怯而深居簡出，穿著相當襤褸，他為自己找了一個最簡陋的環境：一間粉刷過、看起來像是僧侶斗室的小房間，或任何一棟屋子裡的小寢室。曾有一段時間，當他居住的小旅館播放跳舞音樂時，他就睡在學校的廚房裡；後來他又搬到一個村民家中廢棄的洗衣間。」

他喜歡數學，曾赴劍橋大學向羅素請益。羅素稱他為「完美的天才」，並且說：「認識維根斯坦，是我一生中最令人興奮的思想上的經歷之一。」

傳記作者說：「我們無法想像維根斯坦會穿西裝、打領帶，或者戴帽子。」「飲食方面，他也是很簡單的，但是傳聞他只賴玉米片維生，則有些誇張了。」他在一九五一年去世。生前的最後一句話是：「請你告訴朋友們，我曾擁有過一個美好的人生。」事實上，他一生都為憂鬱症所苦，還曾有過自殺危機。

天才側寫

維根斯坦是富家子弟，家中常客有舒曼、馬勒、布拉姆斯等音樂家。他幼時在家中接受教育，十歲就設計了一架新型縫紉機。十四歲到林茲的中學就讀，當時希特勒也在那裡念書。他後來研習工程學、數學與哲學，是羅素口中的天才典型。

他應三位教授（包括羅素在內）的要求而參加博士論文口試。當這些教授正在苦思他簡單而深奧的語句時，他走過去拍拍他們的肩膀說：「沒關係，你們看不懂的。」他取得博士學位，以研究員的身分授課，教室裡「常常會有一段長時間的寂靜，只有維根斯坦偶爾的喃喃自語……他的目光是專注的，面容是生動的，手勢是吸引人的，表情是不可捉摸的；大家都知道，我們面對的是最嚴肅、最專注，以及巨大無比的思想上的壓力。」

他說：「哲學即是語言治療。」「能說的，就能說得清楚明瞭；不能說的，就該三緘其口。」他的觀點別開生面，他說：「信仰上帝，意謂著了解生命意義的問題。」上帝是世界的總和；上帝即是命運，或是獨立於我們意志之外的世界。他的哲學不會輕易批判或否定人們的經驗，而是要以新的角度詮釋所有可以講清楚的東西。

36

透過符號學了解人性的思想家

卡西勒

Ernst Cassirer

1874-1945A.D.

德國籍猶太人，在柏林大學研讀哲學，畢業後任教於柏林大學、漢堡大學、英國牛津大學、瑞典哥德堡大學，一九三九年歸化為瑞典公民。二次大戰時遷居美國，於耶魯大學、哥倫比亞大學教書。代表作為《符號形式的哲學》，剖析人類使用符號的能力。

使用符號

卡西勒對西方的大哲學家從柏拉圖到康德，無不認真鑽研，他的結論與終身持守的立場是人文主義。這種人文主義有何特色？他觀察歷史進展的三階段如下：

一、在蘇格拉底時代，人無法在孤獨中認識自己，而必須與人合作，在城邦生活中認識自己，於是哲學成為對話，只有經由對話或辯證的思考，才可認識人。

二、文藝復興時期認為：人的特性是「擁有幾乎無限的改變自我的能力」。這種內在的不確定性突顯了人的偉大。

三、到了十九世紀，法國實證論者孔德說：「要認識自己，就去認識歷史吧！」

卡西勒由此論斷：人不僅是一種受外界豐富印象所吸引的生物，還能以確定的形式加在這些印象上，再予以控制。人所使用的形式，分析到最後，是由思想的、感覺的、意願的主體自身所引申而來的，換言之，人是「使用符號的動物」。歷史是人類自我發現的模式，文化則是人類逐漸解放自己的過程。

他說：「語言就是符號，沒有人可以離開語言來從事思考。」與語言並列的，還有神話、宗教、藝術、科學與歷史。

若要了解人性，就須從人類的這些工作與活動著手，再分辨其中的價值，以此規畫未來的走向。

37

日耳曼導師

雅士培

Karl Jaspers

1883-1969A.D.

出生於德國的富裕家庭，先於海德堡大學和慕尼黑大學攻讀法律，後來習醫，獲取博士學位後，擔任心理學教師，四十歲時轉而投入哲學。他被視為存在主義的代表人物，對精神病學和哲學有很大貢獻，著有《存在哲學》、《時代的精神狀況》、《歷史的起源與目標》等書。

突破界限

雅士培自幼體弱，使他必須嚴謹而有規律地生活。他也因而覺得孤單，不願與人來往。他很少出席社交場合，在瑞士巴塞爾教書期間的二十年，只看過他的學生演出的一場電影與一齣話劇。但是他的教育熱忱非比尋常，走到哪裡就教到哪裡，人們尊稱他為「日耳曼導師」。

他認為自己一生有三大考驗：一、自幼即患「先天性心臟病」，一生都處在死亡陰影下，因而特別體會什麼是界限處境。二、他念過法律與醫學，並旁聽哲學課程，當時他對哲學教授的印象是自負而固執己見；他自己當了哲學教授之後，常受同事排擠，他感嘆說：「在我看來，學院派的哲學並不算是真正的哲學……它所討論的東西根本與我們存在之基本問題無關。」

第三個考驗是：在納粹統治期間（一九三三至一九四五年），他受到迫害，失去教職，並且因為妻子是猶太人而上了黑名單，最後僥倖逃過一劫。

雅士培是德國存在主義的第一人，他說：「『存在』就是每個人孤獨地面對自己，面對世界做自由抉擇的經驗。」概括說來，「哲學不是旁觀者的沉思冥想，而是個人生命內在的探索過程」。

真誠的存在

「存在」一詞從齊克果以後，已經成為檢驗生命的主要概念。到了二十世紀中葉，人類經歷了兩次世界大戰，覺知龐大的商業體系與社會機器對個人的壓制與戕害，存在主義應運而起。

雅士培說：「人體認到自己雖是有限的，但他的可能性卻似乎延伸到無限，這一點使他成為一切奧祕中最偉大的。」要具體實現這種偉大，人無可避免地遭遇「界限處境」，人在生理上（老、病、死），心理上（生離死別），倫理上（罪惡），靈性上（人生意義問題），都可能面臨考驗，此時要如何抉擇？

選擇「存在」，就是做真誠的自己，這時不可忘記其他的人，所以要認真「溝通」，進入「愛的掙扎」，要關心別人的自我實現，如同關心自己的一樣。

雅士培精研人類歷史上的偉大心靈，挑選四位作為代表，就是「佛陀、孔子、蘇格拉底、耶穌」，合稱四大聖哲。這四人見證了人的偉大在於自我的成長，突破一切界限而成就完美的人格。痛苦、罪惡、死亡所帶來的威脅，在此完全消解於無形。我們若是稍加存思雅士培的觀點，就會感覺人生的奮鬥是值得的，人性的尊嚴是無疑的。

38

現代跨後現代的橋梁

海德格

Martin Heidegger

1889-1976A.D.

出身自德國的天主教家庭，於佛萊堡大學先研讀神學，後學習哲學，取得博士學位。第一次世界大戰時服役入伍，戰後成為胡塞爾的助教，邊學習邊授課。一九二七年鉅著《存有與時間》面世，聲名大噪。一九三三年加入納粹黨並擔任佛萊堡大學校長，次年雖辭職，此後已被禁止參加國際會議和出版著作。二次大戰後被剝奪教職，一九五一年恢復教職不久就退休隱居，專心著述。他是上承胡塞爾的現象學，下開歐陸後現代探討生命本體論的橋梁。

翻譯老子

海德格是二十世紀最有影響力的西方哲學家。他閱讀各種版本的《老子》譯文，認為老子的思想充滿智慧，深得其心。

他晚年住在德國南部的黑森林區，曾在市場巧遇當時在德國從事研究的蕭師毅教授。兩人相談甚歡，計畫合作把《老子》再度譯為德文。他們每週見面一次，譯到第八章「上善若水」，出現爭執，各持己見。海德格說：「你不懂老子。」蕭教授說：「你不懂中文。」於是停止合作。

交往期間，海德格請蕭教授寫一中文條幅，內容是《老子》十五章的話：「孰能濁以靜之徐清？孰能安以動之徐生？」意即：誰能在渾濁中安靜下來，使它漸漸澄清？誰能在安定中活動起來，使它出現生機？這兩句話一靜一動，顯示老子思想的完整面貌，確實深具啟發性。

以上這段資料是蕭教授回臺灣教書之後，擔任文化大學副校長期間撰文披露的。海德格精研西方哲學傳統，對西方人執著於研究萬物的變化頗為不滿，他希望回溯作為萬物根源的「存有」本身。在老子思想中，「道」這個字所指稱的，無異於統合一切又源源不絕的「存有」本身。中西哲學在最高層次是相通的。

人的一生

海德格三十八歲時出版《存有與時間》，一鳴驚人，很快就被推許為哲學名家。到了納粹當政期間，他出任佛萊堡大學校長，很快就覺察自己與納粹的作風格格不入，第二年就辭職了，此後他被禁止參加國際會議及出版著作。等到二次大戰結束，他又被列為親近納粹的學者而被剝奪教職。一九五一年終於恢復教職，不久退休，專心著述。

海德格一生除了與納粹合作這個陰影之外，其餘皆為平淡的學者生活。他在著作中描寫希臘哲學家亞里斯多德的生平時，只說了三句話：「他出生，他工作，他死了。」這也像是海氏對自己一生的描繪。

海氏說話不帶任何激情，沒有修辭學的花招或多餘的客套話。他以沙啞深沉的喉音對每一個字都加以強調，說成斷斷續續的句子。然而他的話語卻散發出強烈的魅力，以致他在上課或演說時，任何一間教室或演講廳都嫌太小。

人的本質即是「掛念」，不可能有一刻完全的平靜。他說：「對於世界，我要照顧；對於別人，我要關心；對於自我，我要警覺自我的存在到底是什麼。」為了明白自我，不可不探討其根源，對人的「存在」深入分析。海德格的存在主義看似抽象，其實也十分具體。

屬於自己

人在注意外在事物時，很容易忘記自己。這不是自古以來常見的人類現象嗎？現代人的情況更是嚴重。我們發明科技產品，原是為了助人生活便利，結果反而造成牢籠，使人困陷其中，或者說：宰制了人。

我們習慣用「閒談、好奇心與模棱兩可的態度」來面對每天的生活。海德格認為應該認真看待這個問題。他提出「向死而生」的觀念：死亡是人的生命之必然結果，它把人拋回到孤獨之中，人對它是確知其必來又不知何時會來。死亡在每一瞬間都是可能的。

這種觀念帶來莫名的憂懼，使人可以聽見「良知的呼喚」，停止傾聽眾人的言談，不再客套應付別人，而要活出真實的自我，亦即「屬於自己」。他希望人們「自由地選擇自己，以成為純真的存在」。

「人生活在時間之流中。不斷向前開展，亦即不斷被投入一個『自我設計』的可能性之中。」他不是無神論者，他認為自己仍在「等待神的來臨」。他晚年隱居，但阻擋不了世界各地的訪客。他的夫人總是親自應門，並告訴訪客說：「請你們不要打擾，我的先生在思考。」

39

希望哲學的戲劇家

馬塞爾

Gabriel Marcel

1889-1973A.D.

生於法國巴黎，除了哲學家的身分，也是舉世矚目的戲劇家。宗教啟蒙是巴哈的< 受難曲> ，四十歲時皈依天主教，在信仰中肯定了存在的絕對性，從而對生命意義有更深刻的領悟。他提出一套希望哲學，力圖擺脫人被物化的處境，恢復你我之間的親密關係。其戲劇作品反映形而上的省思，並堅持用日常的語言撰述哲學，著有《形上日記》、《是與有》、《旅途之人》、《人性尊嚴的存在背景》等代表作。

走出孤獨

馬塞爾生於巴黎，四歲喪母，他說：「在我的一生中，母親似乎一直神祕地留在我身邊。」他從小就有孤獨體驗，他說：「人生只有一種痛苦，就是孤獨無依。」

第一次世界大戰期間，他參加紅十字會，調查失蹤官兵，接受家屬詢問，由此體驗了人的個別性與不可替代性。他思考「我們」一詞的意義，再肯定「我與你」是互為主體的，然後相信：所謂「存在」，即是「與別人一起存在」，使別人由「他」變成「你」，因而有相愛的可能。

他的宗教啟蒙老師是巴哈的音樂《受難曲》，他在四十歲時皈依天主教。在信仰中，他肯定了存在之絕對性，從而對生命意義有了更徹底的領悟。他認為人的尊嚴與偉大在於：人與絕對者合作，使自身內在的潛能充分施展開來。他說：「存在就是存在得更多。」活著的意義在於不斷革新自我，展現人性的內在力量。

每當情緒低落時，他就借助音樂與大自然的撫慰。他說：「音樂不含有意義，也許音樂本身就是意義。」他繼續說：「是音樂，並且只是音樂，使我發現救援之光，為我開啟了一條通往真理的途徑。」他所謂的音樂應指古典音樂，我們不妨參考他的意見，也來體驗一番。

迎向希望

法國哲學家的表達方式比較柔性，喜歡借用小說、戲劇、散文來詮釋自己的思想。馬塞爾在《明日之亡者》中，借劇中人物之口說：「愛一個人，就是對他說：你啊，你不會死。」這句話肯定了人間真摯的愛可以突破死亡的威脅與困境。

馬塞爾的學說也屬於存在主義一系。他說：「存在是深不可測的奧祕，始終邀請我以一個主體的身分去投入。」首先要分辨的是兩個字：是與有。每個人都擁有一些東西，像工作、家庭、朋友、房子、手錶、衣服等。當你擁有的越多時，會不會覺得壓力隨之而來？馬塞爾說：「擁有即是被擁有。」你所擁有的東西會不會反過來「占據」你的時間與心思？

問題在於：你「有」的越多，你「是」的越少。一個每天忙碌的人，沒有時間與力氣去耕耘自己的內心世界。久而久之，人被「物化」了，不再是真正的人。馬塞爾提出一套「希望哲學」，要人擺脫「以己為物」與「以人為物」的處境，恢復「我與你」的親密關係。與別人互相臨在，保持開放之心，隨時準備為人服務，進而能夠無私地愛人，也願意為愛而犧牲自己。

40

存在主義的先鋒

沙特

Jean-Paul Sartre

1905-1980A.D.

生於法國巴黎的富裕家庭。一九六四年以小說《嘔心》獲頒諾貝爾文學獎，卻謝絕領獎。與女性主義作家西蒙．波娃維持終身伴侶的關係。他是存在主義的領導人物，說過一句名言：「存在先於本質」，代表作有《自我的超越》、《存在與虛無》、《存在主義是一種人文主義》、《辯證理性批判》等。哲學上剖析存在主義及馬克思主義，並始終關注社會與政治問題，直到一九八〇年去世，巴黎數以萬計的民眾為他送葬。

空洞的熱情

沙特生於巴黎，幼年喪父，因病而右眼失明。他性格叛逆，喜歡自由思考。由於長輩信奉天主教而言行不一，使他逐漸成為無神論者。他畢業於巴黎高等師範學院，兼擅文學與哲學，獲得一九六四年諾貝爾獎。

他得獎之後，面對成群記者，公開宣布：「上帝已死！」這其實是尼采早就說過的話。他並未像尼采一般倡導超人哲學，而是提醒人們覺悟，必須自負其責。他與西蒙・波娃雖未結婚卻廝守終身。他於一九八〇年去世時，巴黎數以萬計的民眾為他送葬。

一般人談到存在主義，都會聯想到沙特。他說：「自由是指：我總是超越現在的我，並將一切實際在我之物，化為空無。」這話說得有些悲觀，但也有其道理。他所留意的是人的「意識」。譬如，我到酒店去找彼得，此時意識中只有彼得的影像，於是所有的非彼得都被化為空無，最後我發現彼得不在那兒，於是我心中出現二度空無的感受。

他有一句名言廣為人知，就是「存在先於本質」。存在是指選擇成為自己的動作，先有這種選擇，然後才會取得某種固定的本質。人因而不斷在否定與超越自己，但又沒有確定的目標與方向，人生只剩下空洞的熱情。

看待別人

同樣屬於存在主義，馬塞爾強調我與別人相處，要走向「我與你」的關係，互相尊重與善待彼此。但是沙特不然。他怎麼看待別人呢？

一、別人是另一個不是我的我，是我所不是的人。別人可以把我當成對象或客體，使我的自由消失，使我感到羞愧。每個人都力圖保持自己的主體性，而把別人當成客體、對象，甚至奴隸。

二、談到我與別人的具體關係，最糟的情況是：「別人即是地獄。」試問：世間誰能「真正」了解別人？人常在起心動念，隨時變來變去，連自己都未必知道自己是怎麼回事，又如何可能認識別人？

沙特並非不關心別人，他說：「當我選擇時，我是在為全人類做選擇。」但是他憑什麼選擇，又如何確定「全人類」會認同這種選擇？他的理由依然主觀：「價值全由自己創造，所以要為自己也為全人類負責。」

這種想法近似「唯我主義」。他又說：「生命的意義全由自己選擇，全由自己給與。」我們可以感受到沙特的熱情，也不反對一個人在自己生活範圍內的完全自由，但是動輒宣稱「要為全人類選擇」，實在有些不知所云。

絕對自由

沙特在否定上帝存在之後，肯定人有「絕對自由」。從西方的背景看來，如果上帝不存在，那麼人這種萬物之靈，既能思考又能行動，不是無所限制而變成絕對自由的嗎？

沙特在二次大戰時，生活在德軍占領的巴黎。他結識一位年輕的作家卡繆。他們一起主編一份地下抗德報紙《戰鬥報》。卡繆也是哲學家，所以二人常有辯論機會。有一次在沙龍裡喝咖啡，談到「人有沒有絕對自由」這個話題。沙特的立場很清楚：人有絕對自由。卡繆不以為然，他主張人沒有絕對自由。

都是念哲學的，辯論起來唇槍舌劍，誰也不服輸。最後卡繆使出絕招，他說：「沙特先生，如果人有絕對自由，請問：你能不能把我交給納粹，指控我是抗德分子？」沙特沉吟良久，然後搖搖頭說：「不能。」卡繆接著說：「因此，人沒有絕對自由。」道義即是限制，人不能違背道義（如出賣朋友）而濫用自由。

沙特與卡繆同在文壇發展，也先後獲得諾貝爾文學獎，但兩人後來分道揚鑣。卡繆雖然年輕，可惜因車禍而猝逝。沙特在哀悼時說：「使我們合作的因素很多，使我們分離的因素很少；但是這樣的很少已經是太多了。」

41

荒謬大師

卡繆

Albert Camus

1913-1960A.D.

生於法屬北非阿爾及利亞的蒙多維城，因生活困苦而以半工半讀的方式在阿爾及爾大學研讀哲學，畢業後擔任記者，在二次大戰期間參加了地下抗德運動，和沙特一起主編抗德報紙《戰鬥報》。以代表作《異鄉人》、《鼠疫》、《薛西弗斯的神話》、《反抗者》等書聞名，並於一九五七年獲得諾貝爾文學獎。他對荒謬的剖析十分深入，充分反映現代人的存在感受。

荒謬大師

卡繆生於法屬北非的阿爾及利亞，一歲時，父親因參加一次大戰而陣亡。他生活貧困但勤學不輟。念大學時就組織劇團，撰寫散文與小說，畢業後擔任記者。二十八歲發表《異鄉人》，一舉成名。沙特首先撰文推薦，說：「這是一本描寫荒謬的經典之作。」

卡繆對荒謬的剖析十分深入，充分反映了現代人的存在感受。首先，他以荒謬為思考的出發點。人莫名其妙地生於世又死於世，這是怎麼回事？他記得尼采說過「上帝死了，我們自由了」，但是他的看法是：「上帝死了，我們的責任更重了。」其次，對生命的熱愛離不開對生命的絕望。人在面對「死亡、世界、他人、自我」時，常覺難以溝通而滋生荒謬之感。不過，卡繆肯定：人一旦發現了荒謬，就不免想寫一本幸福手冊。

由此可見，荒謬是起點而不是終點。卡繆在《誤會》一劇中，談到一個離家出走而奮鬥有成的兒子，總想帶給家人一些快樂，他說：「幸福不是一切，人還有責任。」從對待家人，推而至於全人類，都是我們關懷的對象。因此，稱卡繆為「荒謬大師」時，不可忽視這些積極的觀念。

推石上山

卡繆寫過一本《薛西弗斯的神話》，描述薛西弗斯因為洩漏天神的祕密而受到懲罰，要負責把一塊巨石推上山。但是，巨石是圓的，山坡是斜的，所以巨石一推到山頂就立即滾下山腳，於是薛西弗斯的苦刑永無終止之日。

卡繆借此反映現代人的無奈與無望處境，的確入木三分。這本書在結尾時說：「對薛西弗斯而言，沒有主宰的宇宙既不貧瘠也不徒勞。石頭的每一粒原子，夜色瀰漫的山丘的每一片礦岩，本身就形成一個世界。向山頂奮鬥的本身，已足以使人心充實。我們應該想像薛西弗斯是快樂的。」

面對如此荒謬的命運，卡繆推出三個結論：一、我的反抗：肯定荒謬，無異於表示反抗現狀；人們應該團結以對抗共同的命運，他說：「我反抗，所以我們存在。」二、我的自由：既然荒謬，我就沒有顧忌，可以全力創造幸福，甚至以生活的量取代生命的質。三、我的熱情：我可以放手尋求人類大愛。他說：「一個沒有愛的世界，就是一個死了的世界。」

他對未來抱著希望：「在這些黑暗的盡頭，必有一線光明出現……在廢墟中，我們每一個人都在準備迎接虛無主義彼岸的新生。」

42

對人類寄予厚望的神父

德日進

Pierre Teilhard de Chardin

1881-1955A.D.

法國人，十八歲成為天主教耶穌會修士，研讀哲學與神學，三十歲晉鐸為神父，之後轉而探究地質學與古生物學。曾長期居留中國，在周口店北京人的發現和研究上扮演重要的角色，並撰寫了代表作《人的現象》與《神的氛圍》。

人的現象

德日進，法國人，十八歲加入天主教耶穌會，接受哲學與神學教育。他受柏格森「創化論」所影響，又研究地質學與古生物學。他來到中國，參與周口店猿人的挖掘工作，鑒定其為「北京人」。他在中國度過一生中最美好的時期，寫下了代表作：《人的現象》與《神的氛圍》。

宇宙在演化過程中，不斷消耗能量，其中的生物在軀體結構上也日漸精密，直到最後出現「人類」。人類的特色是「跨過反省的門檻」，因而產生自我意識與思考能力，可以開始自行設計未來。「就像長大的孩子一樣，我們發現世界經過人類而拓展。在這個大牌局中，我們既是玩牌的人，又是被玩的牌。我們一放手，什麼也沒有了。」

因此，人類應該攜手合作，大家同心同德。其次，人要走向「超級位格」，由愛來統合萬物及提升人格。然後，化解心與物的隔閡，拋開物質的束縛以投向宇宙的精神結局，亦即信仰。他是神父，宗教立場鮮明，但在思想上也自成一套完整系統。

他說：「在我看來，地球的整個前途，正如宗教，繫於喚醒我們對未來的信念。」相信未來，否則如何有勇氣承擔今天的責任？

43

結構主義之父

李維史陀

Claude Lévi-Strauss

1908-2009A.D.

出生在比利時布魯塞爾的猶太家庭，成長於法國巴黎，從巴黎大學畢業後，到巴西教書並從事對原住民的田野研究。回法國後教授人類學與社會學，並於一九七三年獲選為法蘭西學院院士。主要代表作為《親屬關係的基本結構》、《憂鬱的熱帶》、《結構人類學》、《神話學》四卷等，擅長社會與文化的比較研究，所建構的結構主義和神話學，對人類學、社會學、哲學和語言學等領域均有重大的影響。

結構之用

李維史陀是結構主義的代表人物。當沙特式的存在主義在法國蔓延時，李維史陀有效地予以遏止。他指出：沙特的思想受其個人生活環境的結構所制約，並不像沙特自己所想像的那麼自由。

他是人類學家，他說：「人類學使我得到知性上的滿足，它一方面闡明世界的歷史，另一方面則解說了我自己的歷史。」他對地質學、心理分析學與馬克思主義都有深入研究，因此提出的理論在社會科學與哲學上都有一定的影響力。

譬如，他提醒我們注意「野蠻人的思維」。以熊族為例，說「我是一隻熊」，並不是不合邏輯的，而是表示我要以熊的方式融入周遭世界。這種思維有塑造結構的力量，由此產生了圖騰制度。沒有制度，人只能陷於剎那生滅的危機中，有了制度，則可以整合「連續與間斷」，使人在變化中不致迷失，並在發揮個人創意時不致忘記傳統社會的基本架構。

然而，過於強調結構，也可能見林不見樹，忽略了個人生命所擁有的未知潛力。也許這兩種思潮應該中和一番，兼顧存在與結構，才是正途。

44

詮釋學理論家

高達美

Hans-Georg Gadamer

1900-2002A.D.

生於德國馬爾堡，父親是大學的化學教授，自小培養他對自然的興趣，但他卻更加喜好人文學科。一九二三年以研究柏拉圖的論文獲得博士學位，隔年前往佛萊堡從學於海德格。二次大戰後受聘為法蘭克福大學哲學教授，之後前往海德堡大學接替雅士培的職位。六十歲時以《真理與方法》聲名鵲起，矢志探求真理，是詮釋學的代表人物。

真理的意指

高達美在大學期間，受胡塞爾與尼采著作的啟發，從學於海德格，由此豁然開朗，決定回溯古希臘哲學，尋找「開始」。他體認了真理即是「除去遮蔽」。存在是真理的基礎，真理是去蔽與揭示。他以藝術來說明「真理即存在」。藝術異於人的感性認識與理性認識，但它「確實是一種傳達真理的認識」。藝術立足於自身，並且敞開自身；它屬於世界並且展示世界。這種展示永遠沒有完成。藝術揭示了世界與大地的鬥爭，但正是這二者的結合，才真正構成了真理的本質。

他剖析西方的真理觀，約為以下五種：一、符合論：一個判斷與客觀事實相符即是真。二、融貫論：一個系統中的各種判斷彼此相容即為真。三、實用論：一個判斷對我們的生活有效益的即為真。四、語義論：由現代邏輯對真理作語義上的規定。五、多餘論：真理是語言的混淆與誤用，根本可以略去不談。

高達美提出新的觀點：真理是開顯。人在純真狀態中，有如天真的孩童，會展現出真理。此時人的語言有如通道，或者有如明鏡，會映現出「存有」的本來面貌。他說：「人是存有之牧羊人，語言是存有之家與真理之家。」一般稱高達美為德國詮釋學的代表。

45

人性深度的闡釋者

利科

Paul Ricoeur

1913-2005A.D.

法國的詮釋學家。中學時廣泛閱讀文學、哲學和神學作品，因此重視文本的解釋，且擅長用敘事文剖析人的存在處境，後來在巴黎索邦大學教書時，每年解讀一位哲學名家。二次大戰時被俘，在戰俘營被關了五年，仍堅持學習和研究哲學。曾到美國講學，二〇〇四年，獲美國國會圖書館授予有人文領域的諾貝爾獎之稱的「克魯格人文與社會科學終身成就獎」。代表作有《意志哲學》、《活的隱喻》、《時間與敘事》等，深入詮釋惡與罰。

惡的問題

利科是法國人，從小父母雙亡，以烈士遺孤身分念完大學。他廣泛閱讀文學、哲學與神學作品。二次大戰時被俘，在集中營關了五年。在巴黎索邦大學教書時，每年解讀一位哲學大家，出版《意志哲學》，深入探討惡與罰。

人是有限的，在其基本結構中就有「犯錯可能性」。犯錯可能性是一個機緣，使惡的出現成為可能；它也是一個起源，由惡引生出痛苦、死亡等題材。從神話研究可知，人的道德惡（或罪）往往來自更大力量的誘惑。因而人在行惡時，會有被動之感，以致在犯罪時覺得自己也是個受害者。

如果罪惡是集體的過錯所造成的，那麼人應該怎麼辦？在行動上要向惡挑戰，減少犯罪就能減少別人受苦；但事情就這麼發生了，世間本來就有偶發狀況。這種想法可以使抱怨轉化為自我靈修的努力。

他認為：原罪其實不是罪，而是人濫用自由意志，妄圖超越自己的界限，甚至不惜脫離與上帝的關係。地獄使人完全自我封閉，陷入完全痛苦的狀態中。

利科是法國詮釋學的代表，擅長由「敘事文」來解析人的存在處境。

46

溝通理論的建構者

哈伯馬斯

Jürgen Habermas

1929-

生於德國杜塞爾多夫，天生患有唇顎裂，因語言障礙促使他日後致力於思考溝通的語言。二十五歲取得哲學博士學位，曾任職海德堡大學教授、法蘭克福大學教授和馬克思普朗克研究院院長，一九九四年退休後，仍從事學術和政治活動。他被譽為德國法蘭克福學派第二代領袖，對二次大戰後流行的批判理論進行改造，建構出一套「溝通理論」，其主要作品有《公共領域的結構轉型》、《事實與格式》、《溝通行動理論》等。

溝通理論

哈伯馬斯是德國法蘭克福學派的代表，對流行於二次大戰之後的批判理論，進行推廣與改造的工作。他建構了一套「溝通理論」。他認為，能與別人有效溝通的語言，必須具備四個條件：一、可理解性：語句必須符合文法規則。二、真實性：說話內容與客觀事實皆確實為真。三、真誠性：要真誠表達意向，以取得聽者的信任。四、適切性：內容符合聽者所遵守的規範系統，可以獲得聽者的認同而願意接受。在具體溝通的過程中，較難把握的是真實性與適切性，因而需要反覆討論。

那麼，如何建立理想的討論情境？方法有五：一、溝通雙方在機會平等的基礎上都可以發言。二、雙方在解說與陳述時，要接受對方的檢討與批評。三、雙方清楚表明自己的意圖，以求互相理解。四、雙方遵守共同的規範。五、討論的目的是讓人可以理性、自主、負責地思考與溝通，擺脫不必要的意識型態。

理性的人不能缺少歷史意識或者脫離社會互動的情境。批判理論使人得以反省及超越各種意識型態，溝通理論則可進而化解不同利益階級之間的障礙，促成更和諧的社會關係。哈伯馬斯對社會存在處境的探討，在今日顯然還有實踐的價值。

47

擅長解構的怪才

德希達

Jacques Derrida

1930-2004A.D.

生於阿爾及利亞的法國籍猶太人，五十歲才拿到博士學位，於法國授課。原本想要化解存在主義與結構主義的爭端，結果走上了「解構主義」的道路。他發表了《書寫與差異》、《論文字學》、《聲音與現象》等書，奠定解構主義思想的基礎。

解構主義

德希達是法國籍猶太人，在哲學上原本想要化解存在主義與結構主義的爭端，結果走上「解構」之途，成就一家之言。

在分析語言與書寫的優劣時，他質疑書寫（文字）的難題。「養成書寫習慣的人，將不再訓練記憶力，因而變得容易遺忘；他們將依賴書寫的外在符號而非自己內在記憶事物的能力。他們提供的只是智慧的表象而非真相。他們看似博學，其實無知。他們甚至會變得難以相處，他們所擁有的只是自以為明智的驕氣，而不是真知。」

因此，語言比書寫更接近思想。但思想本身也充滿了二元對立的不確定性。如果一切都不確定，人的溝通如何可能？一切文化如何傳承？

所謂「解構」，即是消解原本可以理解的結構。德希達說：「解構不是你所想的那回事，不過『你在想』這個動作，也可能就是『解構』這回事。」這話聽起來有些玄虛。

德希達承認：「解構」一詞不會被無限制地使用，它終究會把自己消耗殆盡。不過，解構的趨勢是把我們曾接受的一切，都加以質疑。這種立場與當前流行的所謂「後現代主義」不謀而合。所有依理性而建構的價值與信念，現在都成了問題。德希達的說法並非憑空幻想。

48

以正義論聞名的美國哲人

羅爾斯

John Rawls

1921-2002A.D.

美國人，獲得普林斯頓大學哲學博士學位，曾任哈佛大學哲學教授，致力於研究社會正義的問題，將承襲自洛克、盧梭等人的社會契約論加以修訂，以切合現代社會的需要，代表作有《正義論》、《政治自由主義》、《作為公平的正義》等。

無知之幕

如果在二十世紀後期選擇一位美國哲學的代表人物，羅爾斯應該能孚眾望。他從五〇年代起，就專心研究社會正義問題，接續了歐洲近代社會契約論的傳統，再加以修訂補充，使其更能適合今日的社會需要。

社會需要正義，在設計制度時，必須心存「無知之幕」的前提。首先，要假設一種人類原初狀態，在其中任何人都不知道他在社會中的地位，不知道他在先天資源、智力、體能等方面的運氣，甚至不知道他特定的善惡觀念或特殊的心理傾向。其次，每個人都是有理性的，但對他人的利益不關心，也不談仁愛等道德因素。

第三，在無知之幕後面所達成的共識原則，絕不會與平等互利的社會合作衝突，也不會使某些人享受較大利益而損害另一些人的生活遠景。

羅爾斯《正義論》的首要原則是：每個人都有平等的權利，擁有最大程度的基本自由。第二原則是：每個人都有公平的機會，但對弱勢成員則要保障其最大利益。

以上這些觀念似乎正是今日民主社會所追求的目標。問題在於：無知之幕所預設的那種「人類原初狀態」早已不存在，因而所有具體的社會制度都有妥協的現象。

49

新經院哲學的代表

朗尼根

Bernard Lonergan

1904-1984A.D.

加拿大人，十八歲加入天主教耶穌會，倫敦大學畢業後，於羅馬取得神學博士學位。著有《洞察》和《神學方法》，他的哲學思想根植於中世紀經院哲學，站在天主教立場上持續闡述愛智的歷程，是現代的新經院哲學代表。

依然愛智

加拿大哲學家朗尼根代表新經院哲學，在天主教的立場上繼續探討「愛智」的歷程。他的代表作是《洞察》，主題是剖析認識問題。如果光是宣稱信仰，是無法被界定為哲學家的。他認為，人的認知活動分為四層。一、經驗：以感官經驗為主，產生想像，要問：「這是什麼？」二、理解：由洞察而形成概念，再表達出來，要問：「是否屬實？」三、判斷：做反省的洞察，判斷其為肯定、否定或不定。四、抉擇：包括選擇與實踐。以上是針對每一次的認知活動所作的分析。

認知之後，人又產生四種要求：一、系統要求：介於經驗與理解之間，要了解事物的本質意義及其來龍去脈。二、批判要求：介於理解與判斷之間，要印證其準確性，看它是否合乎事實本身。三、道德要求：介於判斷與抉擇之間，要問是否值得，是否提升人格。四、超越要求：以上三種要求可以統合於最根本的求知欲，使人想知道「一切的一切」，亦即存在的理念，此時要問：什麼是存在？

從知識提升到道德，再由此提升到宗教，走向「宗教皈依」：覺悟終極關懷，嚮往彼岸召喚，懺悔自身罪咎，接納成聖目標，抵達神人合一之境。

50

珍視我與他者關係的倫理學者

列維納斯

Emmanuel Lévinas

1906-1995A.D.

法國籍猶太人，自幼在立陶宛接受教育，在巴黎念大學時起初興趣是古典學、社會學和心理學，後來轉向哲學，曾到德國佛萊堡大學拜於胡塞爾門下。博士班畢業後，長期任教於巴黎大學，著有《從存有到存有者》、《整體性與無限性》、《倫理與無限》、《時間與他者》等書。列維納斯的倫理學強調「關係」，開展以他者優先的哲學。

他者的意義

列維納斯從存在主義對「存在」的描述中，發現自我意識的主要背景，有如沒有光的一片漆黑，亦即「一切都消失了」的黑夜。在肯定自我時，怎能忽略別人（他者）呢？

他者不是第二個我，而是我所不是的。他者的唯一內容即是他的相異性。我與他者的關係不是融合，而是「面對面」。他者顯示了不同的「面貌」。

面貌的原意是臉，它不只是表面所見的，也包含整個人在內。他說：「面貌是一種外在的無限，只有在它向我呈現時，我才能與他者發生真實的關係。」

列維納斯的倫理學強調「關係」，在這種關係中，沒有主客對立，也不靠單方面的信賴，而是引導雙方走向超越的層次。他說：「只有通過人與人的倫理關係談論上帝才有意義。」說得更具體些：「當我應該對上帝說點什麼時，我總是從人的關係出發。」

這種觀點頗合我們儒家的想法。儒家的「善」是指：我與別人之間適當關係之實現。這種適當關係如果推到「止於至善」的程度，就會帶來美好的大同世界。西方哲學歷經二千多年的努力，出現列維納斯這種學說，使自我、他者與神明綰合為一個整體，確實讓人欣賞。

51

描述神聖境界的宗教學家

艾里亞德

Mircea Eliade

1907-1986A.D.

生於羅馬尼亞軍人家庭。中學時代熱衷於科普創作，而後對文學、哲學與宗教學日益感興趣，就讀布加勒斯特大學哲學系。一九二八年前往印度學習梵文與印度哲學，後赴美國擔任芝加哥大學教授。出版《神聖的存在》、《宇宙和歷史》、《永恆回歸的神話》、《瑜伽》及《薩滿教》等宗教著作，使他成為享譽國際的宗教學家。他描述神聖時間和神聖空間，重視宗教對人類的意義。

神聖時空

艾里亞德是當代最博學又最有創見的宗教學家。他探究多種古代文明，提出「初民存有學」的觀點。他重視宗教所展現的人類精神向度，認為那是人類走向超越之途的必經之路。他從極其繁複的宗教儀式與神話資料中提煉出人類共有的精神願望，對受困於現代文明的人類是一線曙光。

人活在時間中，最擔心時間一去不復返。但是在初民（原始民族）的觀念中，另有神聖時間，可以讓我們一再回到「原型」。譬如，新年是宇宙生日，大地春回，一切又充滿生機。宗教的慶典也讓人定期以儀式回到最初的那一刻，因而可以無懼於剎那生滅的變化。

人也活在空間中，那麼在平凡同質的世俗空間之外，另有神聖空間嗎？答案是肯定的。像教堂與寺廟，有如宇宙的中心位置，使人在那兒取得心靈能量，不致迷失於人間幻境中。

他認為，現代人以歷史為直線進程，因為對於歷史上的罪惡與苦難束手無策，只能視之為命定事件來接受。但歷史的發展每況愈下，人類還有什麼希望？這不是「歷史的恐怖」嗎？因此，人需要「永恆回歸」，經由儀式回到原初狀態。人來自存有，又何必對存有失望？這是現代人普遍可以感受到的「對存有的鄉愁」。

人生雖然有點煩，就靠哲學扭轉它
〔人生雖然有點廢，就靠哲學翻轉它　第二部〕
51位哲學家讓生命轉彎的思考練習

國家圖書館出版品預行編目（CIP）資料

人生雖然有點煩，就靠哲學扭轉它／傅佩榮著．-- 初版．-- 臺北市：九歌，2020.04
224面；14.8×21公分．--（傅佩榮作品集；19）
ISBN 978-986-450-285-1
1. 人生哲學
191.9　　109002733

作　　者 —— 傅佩榮
責任編輯 —— 張晶惠
創 辦 人 —— 蔡文甫
發 行 人 —— 蔡澤玉
出　　版 —— 九歌出版社有限公司
臺北市105八德路3段12巷57弄40號
電話／02-25776564．傳真／02-25789205
郵政劃撥／0112295-1

九歌文學網　www.chiuko.com.tw

排　　版 —— 綠貝殼資訊有限公司
印　　刷 —— 晨捷印製股份有限公司
法律顧問 —— 龍躍天律師．蕭雄淋律師．董安丹律師
初　　版 —— 2020年4月
定　　價 —— 280元
書　　號 —— 0110819
I S B N —— 978-986-450-285-1

（缺頁、破損或裝訂錯誤，請寄回本公司更換）